현해탄을 건너서

일러두기

※ 이 책은 유가족과 레슬링 관계자의 인터뷰를 토대로 저술되었으며 저작권은 모아북스에 있으며 저작권법에 의하여 국내·외에서 보호를 받는 저작물이므로 영상(유튜브), 무단전재, 무단복제를 금합니다.
이 책 내용의 일부 또는 사진을 사용하려면 반드시 모아북스 동의를 얻어야 합니다.

세계 프로레슬링의 전설 **박치기왕 김일**

현해탄을 건너서

김선아 지음

모아북스
MOABOOKS

들어가며

영원한 스포츠 영웅을 기억하며

세계 프로레슬링 챔피언 김일

김일은 1960~1970년대 우리 국민에게 짜릿한 기쁨을 안겨준 스포츠 영웅이다. 대한민국 체육사에서 그만큼 오랫동안 대중의 열렬한 사랑을 받은 스포츠 스타가 또 있을까. 홍수환이나 유재두 같은 세계 프로복싱 챔피언, 손기정이나 황영조 같은 올림픽 금메달리스트, 박찬호나 박지성 같은 빅리그 스타 등 다양한 스포츠 분야에서 숱한 영웅들이 대한민국을 빛내고 국민에게 희망과 감동을 선사했지만, 그중에서도 김일은 가장 가난하고 험난한 시대에 희망의 등불로서 일세를 풍미한 큰 별이다.

김일이 링에 오르는 날이면 온 국민이 TV나 라디오 앞에 모여 숨을 죽였다. TV가 귀하던 때라서 TV가 있는 곳이면 으레 인근 마을 주민이 모두 모여들어 북새통을 이뤘다. TV가 없는 오지마을에서는 지직거리는 라디오 주파수를 겨우 맞춰놓고 중계방송을 듣느라 귀를 기울였다. 이렇게 모두 한마음으로 우리의 영웅 '박치기왕' 김일을 응원했다. 김일은 모두의 바람대로 얄미운 일본 선수들이나 거구의 서양 선수들을 박치기 한 방으로 때려눕혀 통쾌하고도 짜릿한 승리를 선사했다.

김일은 한국인이지만 당시 일본에서도 영웅이었다. 한국인으로서 최초의 세계적인 스포츠 스타는 손기정이다. 그는 1936년 베를린올림픽 마라톤에서 2시간 30분 벽을 깨고 올림픽 신기록을 세우며 우승했다. 그때는 일제강점기여서 그는 일장기를 달고 출전해야 했지만, 엄연한 대한의 건아였다. 그가 마라톤을 제패하자 일제는 '제국의 영광'이라고 선전했지만, 그것은 한국인의 기개를 드높인 쾌거였다. 동메달을 딴 남승룡이 손기정을 부러워했는데, 금메달보다도 월계수 잎으로 가슴의 일장기를 가릴 수 있어서라고 했다(이때는 마라톤 우승자에게 월계수 묘목도 부상으로 주었다). 당시 〈조선중앙일보〉와 〈동아일보〉가 손기정의 가슴에 박힌 일장기를 지우고 기사를 내보내 일제의 탄압을 받기도 했다. 일장기 말소 사건이다.

일제의 오랜 침탈과 한국전쟁으로 폐허가 된 나라에서 고달픈 삶을 영위하던 1960년대에 김일이라는 프로레슬링 영웅이 혜성처럼 등장하여 온 국민을 열광시켰다. 한국에서 씨름판을 주름잡던 김일은 1956년(27세) 역도산의 소문을 듣고 일본으로 밀항하여 역도산의 제자가 된 이후 프로레슬러로 명성을 떨쳤다.

일본인들은 그를 '오오키 긴타로(大木金太郎)'로 부르며 열광했다. 일본인들이 역도산이나 김일에게 그토록 열광한 데는 역사적 이유가 있다.

근세기에 탈아입구를 내걸고 제국주의 열강의 일원이 된 일제는 중국 침략에 이어 기세 좋게 진주만 미군기지를 기습함으로써 태평양전쟁을 일으켜 '대동아 공영'을 획책했다. 그러다가 미군에 패해 굴욕적으로 항복함으로써 지독한 서양 콤플렉스에 걸렸다. 그러던 중에 역도산에 이어 김일이 거구의 서양 레슬러들을 일격에 모두 때려눕히자 그들을 자신들과 동일시하여 통쾌해하며 열광한 것이다.

역도산이 불의의 사고로 사망한 이후 일본의 프로레슬링은 급격히 몰락했다. 이에 김일은 1965년대 중반에 귀국하여 프로레슬링의 열기를 서울 장충체육관으로 옮겨놓았다. 그는 한국인에게 "일본에서 서양선수들을 물리친 후 한국으로 돌아와 일본선수를 불러다 박치기로 눕히는 대한의 맹호"로 불렸다.

그에 대한 보답일까. 김일은 한국의 링에서 일본 선수한테만은 한 번도 진 적이 없다. 그는 그렇게 한국인의 가슴에 맺힌 응어리를 박치기 한 방으로 시원하게 풀어주었다. 그는 미국에서 열린 경기에서는 한국인과 일본인은 물론이고 중국인의 응원도 받았다. 거구의 서양인들 판이던 프로레슬링 경기에서 아시아 3개국 이민자로부터 열띤 응원을 받은 스포츠 스타는 김일이 최초였다.

암울하던 시절, 벼락과도 같은 박치기로 모든 한국인의 가슴에 희망, 불굴의 의지, 샘솟는 환희를 선사해준 스포츠 영웅 김일.

그의 시대는 지나간 지 오래지만, 그의 위대한 발자취는 한국인의 마음속에 영원히 기억될 것이다.

김선아 작가

들어가며　**영원한 스포츠 영웅을 기억하며** • 008

 영원히 기억될 영웅 김일

생존의 조건 • 017
생애 최후의 승부 • 020

 현해탄을 건너다

멀고도 먼 섬 청년의 꿈 • 029
거부할 수 없는 운명의 힘 • 031
새로운 삶을 꿈꾸며 낯선 땅으로 • 034
아버지와 집안 내력 • 040
폭압과 질곡의 시대 • 043
설움을 달랠 틈도 없이 • 049
신이 배달한 편지 • 053
꿈에 그리던 만남 • 058

3장 고난과 입신의 첫 라운드

참는 자에게 복이 있나니 • 067
말로만 듣던 지옥 훈련 • 073
데뷔전 패배를 거울 삼아 • 080
박치기, 인간의 한계를 넘어선 훈련 • 086
믿을 수 없는 변화 • 091
무적의 박치기왕 • 097
아, 아버지 • 100

4장 영광의 나날

역노산 왕국의 후계자들 • 107
새로운 영웅, 박치기왕 김일 • 113
소중한 인연들 • 122
세계 챔피언의 길 • 130
아, 스승의 죽음 • 144

5장 현해탄을 오간 풍운의 레슬러

새로운 여정 • 153

프로레슬링은 쇼가 아니다 • 166

꿈의 타이틀과 월드 스타 • 171

6장 마지막 불꽃

아직은 은퇴할 때가 아니다 • 185

후예 양성과 숨겨온 고통 • 188

영웅의 강렬했던 황혼 • 195

링을 떠난 영웅의 인생무상 • 201

다시 고국으로 • 211

화해와 이별 그리고 영면 • 214

맺음말 시대의 영웅을 기억하며 • 219
김일 연보 및 상훈, 안장 • 221
김일선수가 걸어온 길 • 223

|1장|

영원히 기억될 영웅 김일

투혼을 다한 삶을 살았으므로 이제 가도 여한은 없다.

그는 마지막 생사의 승부가 어떻게 될지 잘 알았다.

갈 때 가더라도 살아있는 한,

이 마지막 승부에서도 투지를 불사를 작정이었다.

때가 오자, 그는 조용히 두 눈을 감았다.

생존의 조건

이기는 것이 사는 길

　1959년 일본 도쿄. 빗방울이 흩날리는 밤이었다.
　밖은 어둑했지만, 환한 체육관 안은 관중의 열기로 뜨거웠다. 사방에서 터져 나오는 함성과 담배 연기가 뒤섞여 링 위를 감쌌다. 빛나는 조명 아래, 한 사나이가 숨을 깊이 들이마셨다. 김일, 그의 운명을 건 승부가 시작되는 순간이다.
　상대는 거구의 베테랑 프로레슬러. 이미 여러 차례 우승을 차지한 강자였다. 레슬러치고는 왜소한 체격에다가 별 경력도 없는 무명의 한국인 청년이 그를 이기리라곤 아무도 생각지 않았다.
　관중석에서는 "조센징! 돌아가라!" 는 야유가 연달았다. 김일은 애써 무시한 채 두 주먹을 불끈 쥐고 나서 이마를 쓱 문질렀다.
　'나는 반드시 이긴다. 이겨야 한다.'
　마침내 시합을 알리는 벨이 울렸다. 상대가 먼저 달려들었다. 강한 한 방, 그리고 압도적인 공격, 또 공격. 김일은 방어하며 버텼다. 일본 관중의 야유는 여전했지만, 신경 쓰지 않았다. 누가 봐도 김일에게는 승산이 없었다. 그러든 말든 그는 효과적으로 방어하면서 냉정하게 기회를 엿보았다.

세상에 없던 박치기

김일의 필살기, 원폭 박치기

마침내 기회가 왔다. 상대가 방심한 아주 짧은 순간, 김일은 빠르게 치고 나갔다. 그의 이마가 상대의 이마를 강렬하게 들이받았다. 상대가 휘청거렸다.

다시 한 번 들이받았다. 두 번, 세 번. 이윽고 상대가 쓰러지자 심판이 카운트를 외쳤다.

"원! 투! 쓰리!"

순간, 경기장은 정적에 휩싸였다. 그리고 이어진 폭발적인 환호.

심판이 김일의 손을 번쩍 들었다. 그의 필살기, 어디에서도 보지 못한 전혀 새로운 스타일의 박치기에 일본 관중은 눈을 휘둥그레 뜨며 함성을 질렀다.

이날 김일은 단순한 프로레슬러가 아닌 '박치기왕'으로 자신의 존재를 세계 프로레슬링계에 알렸다.

이로써 김일은 팬들에게 영원히 기억될 영웅의 길을 걷기 시작했다. 그 세월이 반세기, 김일은 모든 영광과 환호를 뒤로하고 생의 마지막 승부를 눈앞에 두고 있었다. 영웅이든 보통 사람이든 누구라도 직면해야 하는 허무의 승부, 생과 사.

생애 최후의 승부

죽음의 그림자

2006년 가을 어느 날.

을지병원 4층 입원실에서 1994년부터 13년째 투병 중이던 한 노인은 저물어 가는 창밖을 바라보며 회상에 잠겼다.

삶과 죽음의 경계선을 수없이 오가며 살아온 지난날이 주마등처럼 스쳐 지나갔다. 숱한 죽음의 고비를 넘기며 살아온 나날이었다. 그는 마지막 시합을 남겨두고 있었다. 그 마지막 상대는 지금껏 맞닥뜨린 상대와는 차원이 다르고, 인간의 힘으로는 어찌해볼 수 없는 운명이었다. 가는 세월 끝에 매달린 '죽음'이다.

죽음의 그림자는 늘 그를 따라다녔다.

일제강점기에 전남 고흥군 금산면에서 태어난 김일은 열여섯 살에 해방을 맞고 스물한 살에 한국전쟁을 겪었다. 전쟁 후 씨름판을 누비며 씨름꾼으로 이름을 떨치던 청년 장사 김일은 역도산에 매료되어 1956년 목숨을 걸고 일본행 밀항선을 탔다. 이후 그의 삶은 백척간두에 선 풍전등화였다. 일본에서 불법체류자로 붙들려 감옥살이도 했지만, 1957년 기어이 역도산의 문하에 들어 정식으로 프로레슬링을 배웠다.

그렇게 프로레슬러의 삶을 시작한 그는 3,000회 이상 링 위에 올라 투지를 불태웠다. 영광의 세월이었지만, 생사를 넘나드는 시련과 파란만장의 생애였다.

국립현충원에 안장된 영웅

2020년 5월 22일, 국립대전현충원에는 잔뜩 흐린 하늘에 간간이 소나기가 흩뿌렸다. 비에 젖은 꽃이 떨어지며 봄을 추모하듯, 빗속에서 많은 사람이 모여 한 시대를 풍미한 거인을 추모했다. 한국 프로레슬링의 영원한 전설, '박치기왕' 김일이 세상을 떠난 지 14년 만이다.

사람들은 고인의 영정을 바라보며 그가 생전에 링 위에서 보여준 투혼과 한평생 프로레슬링 발전을 위해 헌신한 삶을 떠올렸다.

김일은 단순한 프로레슬러가 아니었다. 1960~1970년대 한국과 일본 그리고 세계를 무대로 활약하며 한국인의 강인한 정신을 알린 스포츠 영웅이었다. 그의 주특기인 '박치기' 한 방은 전 세계를 경악시켰고, 전쟁의 상흔에서 막 벗어나 산업 발전을 향해 나아가던 한국인들에게는 드높은 자긍심을 심어주었다.

김일은 경기 수익을 차세대 레슬러 양성과 사회 공헌에도 사용하며 고국을 향한 애국심과 대한민국 스포츠 발전에 대한 열정을 실천에 옮기기도 했다.

이러한 공로를 인정받아 그의 유해는 국립대전현충원 국가사회공헌자 묘역에 안장되었다. 그의 삶이 국가와 국민을 위해 헌신한 애국자의 길이었음을 국가가 인정한 것이다.

2020년 5월 22일 국가사회공헌자 묘역

김일은 대한민국 스포츠인으로는 2002년 손기정(마라톤), 2006년 민관식(대한체육회장), 2019년 서윤복(마라톤)·김성집(역도)에 이어 다섯 번째로 국립현충원에 안장되었다. 그전에 김일은 국민훈장 석류장(1994년), 체육훈장 맹호장(2000년), 체육훈장 청룡장(2006년)에 추서되었다. 2018년에는 대한체육회가 선정한 '대한민국 스포츠 영웅'에 헌액되기도 했다.

안장식이 진행되던 내내, 링 위에서 강인하고 단단하게 빛나던 그의 삶을 기억하는 이들의 마음속에는 김일이 평생 잃지 않았던 뜨거운 투지와 투혼이 새삼 되새겨졌다.

영광의 세월 뒤에 남은 상처

김일이 태어나 자라던 시절은 식민지배의 수탈과 전쟁으로 국민 대부분이 가

난의 굴레에서 허덕여야 했다. 끼니도 잇기 어려워 돌아서면 배고팠던 시절, 남도 끝자락의 벽지 거금도에서 태어나 자란 김일에게 무슨 장래 희망이나 거창한 꿈이 있을 리 만무했다. 밭일과 물고기잡이로 가족의 생계를 꾸리기에 여념이 없는 어린 가장이었으니 말이다. 청년이 되어서는 씨름꾼으로 남도 일대를 주름잡았지만, 그게 생계를 꾸릴 만한 직업이 되지는 못했다.

그러던 어느 날, 우연히 본 역도산에 관한 신문기사가 우물 안 개구리였던 섬 시골 청년의 피를 들끓게 했다. 그때부터 역도산은 그의 우상이자 한 줄기 희망의 빛이었다. 그는 홀린 듯 운명의 끈을 찾아 일본행 밀항선에 몸을 실었다. 죽기 아니면 까무러치기였다.

지금도 그렇지만 그때는 재일 한국인에 대한 차별과 멸시가 극심했다. 더구나 무일푼의 김일은 홀로 일본 땅에 내리자마자 불법체류자 신세였다. 그러니 그 고난을 어찌 말로 형용할 수 있을 것인가. 그러나 김일은 오로지 하나의 목표만을 향해 소걸음으로 뚜벅뚜벅 나아갔다. 그렇게 무수한 난관을 넘어 역도산의 수제자가 되었고 마침내 프로레슬러로서 세계 정상에 우뚝 섰다.

세계 챔피언이라는 영광 뒤에는 상처도 있는 법. '20세기 가장 위대한 복서'라는 무하마드 알리도 은퇴 뒤에 알츠하이머병에 시달려야 했다. 김일 역시 링에서 3,000회 이상 벌인 격전이 남긴 후유증을 피해가지 못했다. 링을 떠나기도 전에 그의 몸은 이미 만신창이가 되었다.

파란만장한 삶, 여한은 없다

어느덧 인생 말년. 링 위의 영웅으로 한 시대를 풍미한 그도 세월을 이기지는 못했다. 극심한 두통이 매 순간 그를 괴롭혔다. 그의 몸은 병마와 세월에 짓눌려 꼬챙이처럼 말라갔다.

찬란한 영광의 날은 바람처럼 스러졌다. 검버섯이 선명한 얼굴을 거울에 비춰 보면서 그는 인생무상을 느꼈다. 병실에 누워 있으면 저승에 한 발 한 발 다가가는 것 같았다. 링 위의 그는 숱한 거구들을 박치기 한 방으로 쓰러뜨렸지만, 병상 위의 그는 저승사자를 물리칠 힘이 터럭만큼도 남지 않았다.

죽음을 받아들기로 체념하자 빛나는 추억들이 새록새록 떠올랐다. 스승과의 만남 그리고 이별, 챔피언을 꿈꾸며 구슬땀을 흘린 도장, 승부를 넘어 우정을 나눈 동료들, 관중의 연호하는 소리와 뜨거운 함성….

추억은 떠올랐다가 금세 사그라들기를 반복했다. 눈가에 눈물이 고였다가 입가에 미소가 떠오르기도 했다. 지난날은 삶의 희열과 회한이 교차했다.

투혼을 다한 삶을 살았으므로 이제 가도 여한은 없다. 그는 마지막 생사의 승부가 어떻게 될지 잘 알았다. 갈 때 가더라도 살아있는 한, 이 마지막 승부에서도 투지를 불사를 작정이었다. 때가 오자, 그는 조용히 두 눈을 감았다.

2006년 10월 26일, 을지병원 중환자실에서 김일이 별세했다.

유가족과 친지를 비롯하여 제자들, 프로레슬링 관계자, 지인들이 울음을 터트리며 고인을 애도했다. 을지병원 주치의는 '삶에 대한 선생의 의지에 놀랐다'고 했다. 그는 마지막 승부에서도 투지를 잃지 않은 것이다.

그가 1994년부터 지내온 10평짜리 병실에는 손때 묻은 물건들이 주인을 잃은 채 덩그러니 남겨졌다.

| 2장 |

현해탄을 건너다

김일은 역도산이 일본행 배에 올랐을
장면을 상상했다.
함경도가 고향인 역도산이 열여섯 살 때인
1940년 겨울, 부산에서 관부 연락선에 몸을 싣고
일본으로 갔다는 이야기를 들었기 때문이다.
김일은 자신의 운명이 진작부터 역도산과
연결되었다는 야릇한 감정을 느꼈다.

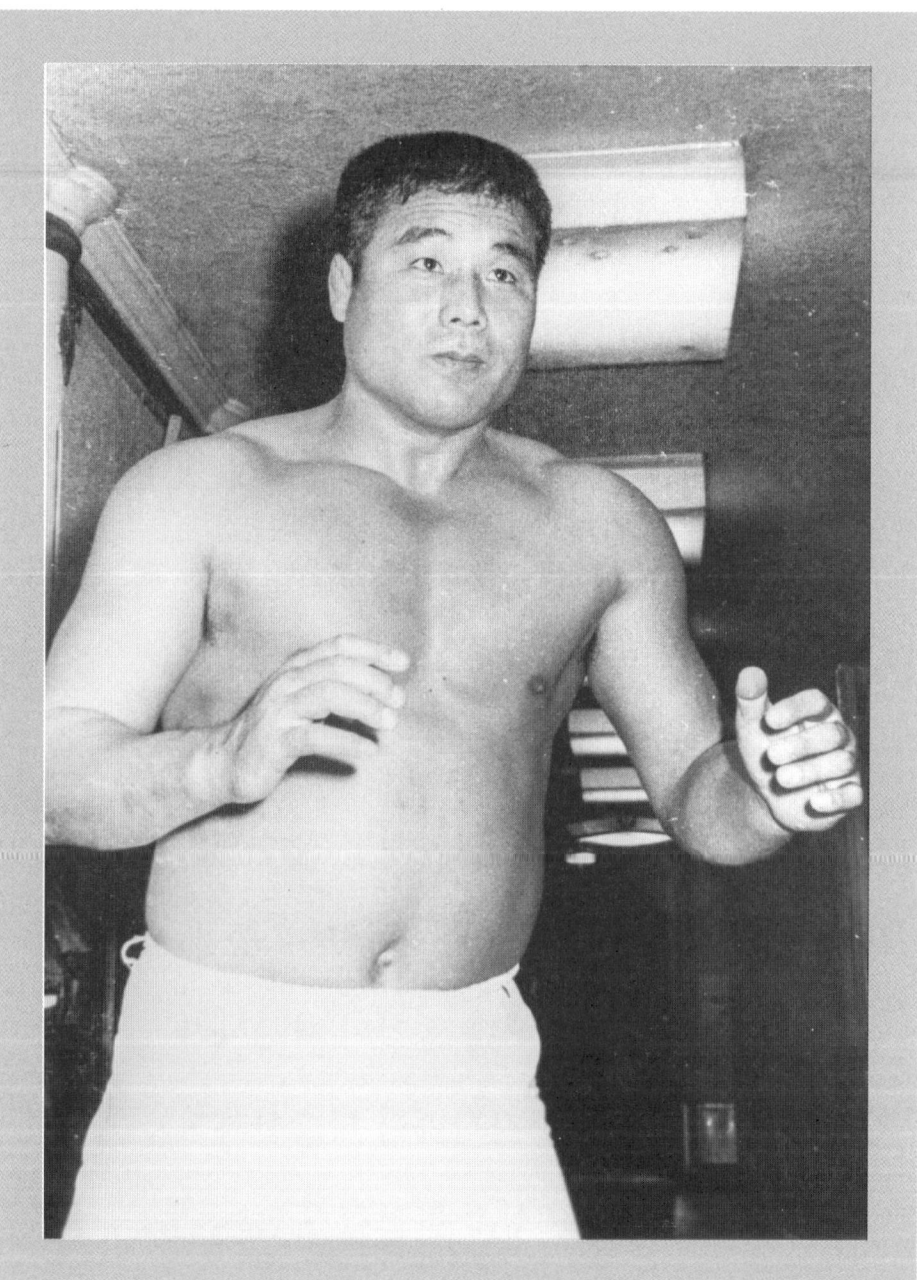

멀고도 먼 섬 청년의 꿈

무모한 도전

1956년 10월, 전남 여수 부둣가.

키 큰 섬 청년이 일본행 밀항선에 올랐다. 거부할 수 없는 강한 힘이 청년을 이끌었다. 세계를 제패한 일본 프로레슬링계의 태양 역도산. 그 이름 석 자가 청년의 운명을 송두리째 바꾸어놓았다. 그때만 해도 그와 역도산은 아무런 관계가 없었다. 오직 마음속 우상일 뿐. 그런데도 청년은 망설이지 않았다. 목숨을 건 밀항. 거부할 수 없는 운명이 그를 무모한 도전으로 밀어넣었다.

1929년 2월 24일(음력) 전남 고흥군 거금도, 남 돕기 좋아하는 아버지와 자태가 고운 어머니 사이에서 장남으로 태어난 김일은 순박한 섬 청년으로 자랐다. 그는 어려서부터 항상 부모님 뜻에 순종하며 살았다. 명절 때면 씨름대회에 나가 상으로 황소를 타와서 부모님을 기쁘게 해드리는 게 유일한 낙이었다.

미국선수들도 때려눕히는 사람이 있다고?

섬 청년 김일에게 바다는 삶의 터전이었다. 농사만으로는 생계가 어려워 해산물을 잡아 인근 항구에 나가 팔았다.

고향 거금도 금산항. 여기서 바다는 고흥 녹동항과 여수항으로 이어졌다. 그 바다를 따라 배를 타고 한참을 가면 일본의 시모노세키항까지 이어진다는 것을 알게 되었다. 여수항은 구경할 것도 많고 주워들을 이야깃거리도 많았다. 특히 일본을 오가는 선원들의 이야기는 딴 세상 얘기 같았다.

1956년 3월 즈음, 김일이 '역도산'이라는 이름 석 자를 처음 들은 데도 여수항이었다. 당시 수산물 교역을 위해 일본을 수시로 오가던 선원들은 일본 사정에 밝았다. 그런 선원들이 언제부턴가 무슨 무협지에나 나올 법한 사람의 이야기를 끝도 없이 풀어내는 것이다.

"역도산이 또 이겼다는군. 대단해."

"덩치가 산만이나 한 미국선수를 단수로 때려눕혔대. 역도산의 주먹에 얼굴을 맞은 미국선수는 피를 철철 흘렸고."

"미국선수들도 역도산을 보면 벌벌 떤다잖아."

김일은 선원들이 하는 말을 도통 알아들을 수 없었다. 청년은 씨름에는 자신이 있었다. 그러나 모래판 위가 아닌 곳에서 치고받는 경기를 하는 장면은 상상이 잘 안 되었다.

'사람이 사람을 어떻게 맨주먹으로 때려눕히고 주먹과 발로 때리고 차고 꺾기를 한 뒤 내던진단 말인가? 싸움질을 그렇게 대놓고 한다는 것인가? 역도산이라는 사람이 거구의 코쟁이들을 정말 때려눕혔다고?'

김일은 선원들이 하는 말을 한마디도 놓치지 않으려고 더욱 귀를 쫑긋 세웠다.

거부할 수 없는 운명의 힘

역도산이 한국인이라고?

처음에 그냥 흘려듣던 김일은 부둣가 선원들과 조금씩 안면을 익히면서 호기심을 참을 수 없었다.

"역도산은 누구고, 그 레슬링이라는 건 뭐래요?"

"아, 이 사람아, 지금 일본은 프로레슬링으로 난리야. 역도산이라는 선수가 있는데 무조건 이긴다는 거야. 덩치가 산만 한 미국선수들도 역도산의 당수도 한방이면 그냥 나가떨어지고 만다니까."

"역도산이 손을 들기만 해도 미국선수가 새파랗게 질린다잖아."

"아, 그런데 그 역도산이 한국 사람이라는 말이 있던데 정말인가?"

"아마 함경도 사람이라지? 힘이 장사인데 일찍이 일본에 가서 그 프로레슬링을 만들었다는 거야."

"일본인들은 일본 사람인 줄 알고 있다던데? 어쨌든 직접 만난 건 아니고 미국선수들이 하는 걸 갖고 와서 퍼뜨린 거지."

"역도산이 등장하면 일본선수들이 흥분해서 난리가 나. 역도산이 경기를 하는 날에는 일본사람들은 장사도 쉬더라니까?!"

선원들은 침을 튀겨가며 서로 한마디씩 했다. 몇몇은 TV에서 역도산이 시합하는 것을 봤다고 떠벌리기도 했다. 여수항을 떠난 배가 시모노세키항에 도착하고 짐을 부리고 나면 다시 돌아올 때까지 잠시 시간이 있는데, 더러는 그곳에서 하룻밤을 지내면서 프로레슬링 중계를 본 것이다.

온몸으로 느낀 전율

김일을 가슴 뛰게 한 것은 그런 역도산이 한국인이라는 사실이었다. 한국인이 일본 열도를 넘어 세계 프로레슬링계를 좌지우지하고 있다는 사실이 도무지 믿기지 않을 만큼 놀라웠다. 김일은 전기에 감전된 듯 전율을 느꼈다.

1956년 여름, 아는 선원이 건넨 스포츠 잡지에서 그동안 말로만 듣던 역도산을 두 눈으로 보게 되었다. 김일은 잡지에 실린 역도산의 사진을 보고는 눈을 뗄 수가 없었다. 그의 몸은 단단한 강철 같았다. 검은 타이즈에 싸인 근육이 옷을 찢고 터져 나올 성싶은 위압감이 들었다. 잡지에는 보디슬램, 해머 던지기, 당수 등 씨름에서는 보지 못한 다양한 기술을 구사하는 역도산의 화려한 플레이 사진이 여러 장 실려 있어 눈이 휘둥그레졌다.

역도산의 검은 타이즈. 섬 청년 김일로선 난생처음 보는 복장이었다. 김일은 역도산이 팔짱을 끼고 응시하는 특유의 모습을 보면서 온몸의 피가 역류하는 흥분에 휩싸였다.

그때부터 김일은 역도산만 떠올리면 왠지 기분이 좋아졌다. 밥을 먹지 않아도 절로 배가 불렀다. 마음이 풍선인 양 둥둥 떠올랐다. 역도산이라는 존재가 어두운 밤길을 환히 밝히는 등불로 다가왔다.

가자, 일단 가보자

그날 이후 김일은 틈만 나면 잡지 속 역도산을 들여다보았다. 하루에도 몇 번씩 보고 또 보았다. 어느 날에는 사진 속 역도산이 그에게 말을 거는 것만 같았다.

"어이, 김일. 지금 왜 거기 주저앉아 있는 거야? 하루라도 빨리 건너와야지."

"건너오다니, 어디를요?"

"일본이지 어디야. 와서 나를 이어 일본 레슬링계를 평정해야지. 조선인의 기개를 보여줘야지 않겠어?"

"제가 할 수 있을까요? 씨름밖에 모르는데…."

"자넨 기골이 장대하고 힘을 쓸 줄 아니까 금방 최고가 될 수 있어. 내가 도와주면 충분해."

이야기는 끝이 없었다. 어느 날은 잡지 속 역도산과 이야기하느라 밤을 꼬박 새우기도 했다.

비록 상상이긴 했지만, 김일의 마음은 이미 역도산이 있는 일본으로 건너가 있었다. 그러던 얼마 후, 마침내 김일은 결심을 굳혔다.

'그래, 가자. 일단 가서 새로 시작하자. 내 나이 서른이 지척인데, 지금 안 가면 영영 못 간다. 어떻게든 가보자. 가다 못 가는 한이 있더라도 일단 떠나자.'

새로운 삶을 꿈꾸며 낯선 땅으로

바다 건너에는 무엇이 있을까

씨름대회 우승으로 소를 타오곤 하던 김일
(가운데)

김일은 당시 앞날에 대한 희망이 없었다. 또래 친구들이 다 그랬지만 가진 것 없는 섬 청년이 할 수 있는 일은 많지 않았다. 손바닥만 한 밭뙈기에 물고기 좀 잡는 영세 어업으로는 가족의 생계를 꾸리기가 막막했다. 그래서 어디 씨름대회만 있으면 나가서 우승하여 쌀가마도 타오고 큰 대회에서는 소 한 마리를 타오기도 했다. 소를 타오는 날은 부모님은 물론이고 동네 사람들이 죄 나와 '천하장사 나왔다'며 입에 침이 마르도록 칭찬을 아끼지 않았다.

이런 일상이 다람쥐 쳇바퀴 돌 듯 반복되었다. 아무래도 가난을 벗어나기는 묘연했다. 이렇게 하루 벌어 하루 먹고사느라 장래의 큰 꿈을 꾼다는 건 사치였다.

'뭔가 다른 좋은 일이 없을까? 바다 건너 더 큰 세상은 어떤 모습일까? 이 바다 끝까지 가면 달라지지 않을까?'

그럴 때마다 그는 주머니 속에서 역도산 사진을 꺼내 보았다.

'나도 저렇게 될 수 있을 거야.'

그런 생각을 할 때면 희망의 성을 쌓는 기분이었고, 마음은 벌써 훨훨 날아 바다를 건넜다.

그토록 간절했지만, 당시는 한일 간 국교가 수립되기 전이어서 일반인이 합법적으로 일본으로 건너갈 수 없었다.

떠나지 못할 이유가 더 많은 처지

술을 금지하면 밀주가 성행하듯 통행이 막히면 몰래 가는 사람이 있게 마련이다. 당시 일본으로의 밀항은 공공연한 비밀이었다. 김일 역시 일본으로 건너가는 길은 밀항밖에 없었다. 여수항에서 가장 가까운 시모노세키항까지는 약 240km, 배로는 20시간 이상 가야 하는 먼 곳이다.

김일은 그 길을 오가는 선원들이 부러웠다. 다른 이유는 없었다. 그들이 그곳에서 TV로나마 역도산의 경기를 볼 수 있다는 것 때문이었다.

일본에 다녀온 선원들이 여수항으로 들어오는 날이면 김일은 그들을 찾아가 묻곤 했다.

"이번에는 역도산 소식이 없어요?"

그러면 그들은 또 이런저런 소식을 전해주었다. 몸은 바다 이쪽, 마음은 바다 저쪽, 김일의 몸과 마음은 따로 놀았다.

어떤 사람은 '일본에 꿀단지를 숨겨놓았느냐'며 핀잔을 주었지만, 한번 뻗친 생각의 줄기는 멈출 줄 몰랐다. 더는 도일을 미룰 수 없던 김일은 밀항 시나리오를 짰다. 밀항 자체도 쉽지 않았지만, 운 좋게 밀항선을 타더라도 십중팔구는 일본 항구에 도착하자마자 현장에서 체포돼 감옥생활을 해야 했다. 설령 밀항에 성공해서 일본 사회로 스며든다 해도 한국인에 대한 극심한 차별과 멸시를 견뎌야 했다. 선원들이 이런 얘기를 귀에 못 박히도록 해주었지만, 김일은 어떻게든 가야 한다는 일념이었다.

실은 가야 할 이유보다 가지 말아야 할 이유가 더 많았다. 장남을 철석같이 믿는 부모님, 일찍 시집와서 아들 둘, 딸 둘 4남매를 키우는 아내도 있었다. 김일은 집안을 잇는 장남이어서 부모의 뜻에 따라 열여섯 살에 세 살 연상의 아내와 결혼했다.

앞날도 불투명했다. 실제로 갈 수 있을지 없을지도 몰랐다. 간다고 해서 무슨 거처나 자리가 있는 것도 아니요, 역도산을 만난다는 보장도 없었다. 프로레슬러는 커녕 자칫 남의 나라에서 국제 미아가 될 수도 있었다.

일본으로의 밀항은 한 치 앞도 안 보이는 안개 속이지만, 그 어떤 것도 김일의 마음을 돌리진 못했다. 그는 운명을 향해 뚜벅뚜벅 나아갔다.

씨름대회 우승 상금으로 마련한 밀항 자금

밀항 자금을 모으기 시작했다. 그해 추석 씨름대회에서 우승해 황소를 탔는데, 그 소를 집으로 가져가는 대신 돈으로 바꿨다. 농수산물을 팔면서 푼푼이 모은 돈까지 합하니 꽤 되었다. 요즘 시세로 400여만 원. 김일은 그 돈이면 선원증을 만들고 일본에서 잠시 지낼 정도는 될 것으로 생각했다.

선원증 만드는 것이 급선무였다. 선원증이 있어야 배에 오를 수 있기 때문이다. 당시에 일반인은 통행이 금지되었지만, 수산 교역자에 한해서는 일본 항구에 내리는 것이 허용되었다.

밀항하는 사람이 많아서 선원증 발급은 까다로웠다. 뒷돈을 얹어주어야 했고, 그마저도 연줄이 닿지 않으면 사실상 불가능했다. 김일은 평소 알고 지내던 선원을 통해 선원증을 발급받았다. 적잖은 뒷돈이 들어갔다.

당시 일본행 배는 오늘날과 같은 큰 여객선이 아니라 태풍이라도 불면 금방 산산조각이 나곤 하는 목선이었다. 당시 그런 배로 현해탄을 건너다 목숨을 잃는 사고는 뉴스조차 되지 못할 정도로 흔한 일이었다. 그러니 밀항은 그야말로 목숨을 건 모험이었다.

바꿀 수 없는 결심, 운명의 날

선장은 배를 타기 전 다시 한 번 그의 의중을 확인했다.

"봐서 알겠지만, 이 배는 큰 풍랑을 만나면 맥을 못 춰요. 실제로 난파돼서 다 죽기도 해요. 그래도 가야겠소?"

"이래 죽으나 저래 죽으나 죽기는 매한가진데 아무렴 어떻소. 사람으로 태어나서 한 번 죽는 것 아니오?"

그의 의지가 굳건한 것을 확인한 선장은 다음 날 아침 8시까지 부둣가로 나오라고 했다.

밀항 전날 밤, 그는 하루만 배에 몸을 맡기면 꿈에 그리던 역도산을 만날 수 있을 것이라는 기대로 잠을 이루지 못했다. 일본에 도착한 후 어떤 일이 벌어질지 아무것도 알 수 없었다. 운명을 하늘에 맡기는 수밖에.

김일은 역도산이 일본행 배에 올랐을 장면을 상상했다. 함경도가 고향인 역도산은 열여섯 살 때인 1940년 겨울, 부산에서 관부 연락선(시모노세키와 부산을 오가는 연락선)에 몸을 싣고 일본으로 갔다고 전해 들었다. 김일은 자신의 운명이 진작부터 역도산과 연결되었다는 야릇한 감정을 느꼈다.

1956년 10월 아침, 김일은 일본행 배에 올랐다. 설레는 마음으로 출발했지만, 여수항이 눈에서 밀어지자 왠지 모를 불안감이 몰려들었다. 그때 낯익은 선원이 다가와 말을 걸었다.

"아니, 그런데 왜 굳이 일본에 가겠다는 겐가? 알아주는 씨름 장사라 한국에서도 할 일이 많을 텐데. 일본이라는 나라가 그렇게 쉬운 곳이 아니야. 차별도 심하고. 한국 사람은 더욱 살아가기 힘들 것인데."

김일은 처음엔 솔직히 얘기하기가 망설여졌다. 이야기 해봤자 무슨 방법이 생기는 것도 아니어서 굳이 그럴 필요가 없다 싶었다. 그러나 떠나온 길보다 남은 길이 더 짧아지자 마음이 달라졌다. 어차피 계속 볼 사람들도 아닌데 굳이 숨길 것도 없겠다 생각했다.

"혹시 역도산이라고 아십니까?"

"알다마다. 역도산 모르는 사람이 어딨어? 일본선수들을 레슬링으로 혼내주는 한국인 레슬러잖아. 어마어마한 사람이지."

그가 역도산을 입에 올리자 선원 두엇이 참견하고 나섰다.

"일본에 갔을 때 제일 신나는 게 역도산 이야기할 때야. 그가 한국인이라는 게 얼마나 좋은지 몰라. 그 사람을 떠올리면 그냥 신나."

"그런데 역도산은 왜?"

"아, 사실은 제가 역도산 제자가 되려고 일본에 갑니다."

이 말에 선원들이 황당해했다.

'바보가 아니라면 어찌 그런 무모한 생각을 다 할까' 하는 표정들이었다.

"아니, 왜 이런 무모한 짓을 하는 것이여? 내일 시모노세키항에 닿으면 우리랑 다시 여수로 돌아가세."

"이 사람 이거 큰일 날 사람이네. 밀항자는 잡히면 바로 감방행이야. 동경에 가보지도 못하고 고생만 할 게 뻔해."

말은 고마웠지만, 그 모든 걸 알고도 작심하고 떠난 김일이었다.

아버지와 집안 내력

아버지의 유언

어느덧 배는 온통 짙은 어둠에 둘러싸였다. 시계는 거의 제로였다.
'시모노세키 항구에서 나를 기다리고 있는 것은 무엇일까?'
알 수 없는 그 미래가 자신의 운명임을 직감했다. 청승맞아 잘 부르지 않던 〈아리랑〉 노랫가락이 절로 흘러나왔다.

아리랑 아리랑 아라리요.
아리랑 고개를 넘어간다.
나를 버리고 가시는 님은
십 리도 못가서 발병이 난다.
청천 하늘엔 잔별도 많고
우리네 가슴에 수심도 많아…

가슴 아리고 출렁이는 파도에 멀미가 났다. 두고 온 가족이 마음에 걸렸다. 눈물이 핑 돌았다. 그의 밀항 계획은 가족 중 아무도 몰랐다. 아버지만은 뭔가 낌새를 알아챈 듯했다.

평소 "밥 먹었냐?"는 말 외에는 묵묵하던 아버지가 하루는 집으로 들어오는 김일을 불렀다.

"너, 나하고 어디 좀 가자."

"어디 가는데요?"

"가보면 안다."

말을 마친 아버지는 벌써 저만큼 앞서갔다. 김일은 아무 말 하지 못하고 뒤따랐다. 아버지는 10여 분 걷더니 집 건너편 용두산 입구에 섰다. 용두산은 어릴 적 친구들과 늘 놀러 다니던 곳이다. 거기서는 마을이 훤히 보였다.

"내가 죽거든 여기에다 묻어다오."

깜짝 놀란 그가 아버지에게 물었다.

"아부지, 아직 건강하신데 느닷없이 왜 그런 말씀을?"

아버지는 허허 웃을 뿐 더 아무 말 하지 않았다. 갈 때처럼 조용히 돌아서서 다시 집으로 향했다.

김일은 그제야 아버지가 왜 그런지 짐작했다. 아버지는 김일이 평소와 다르다는 것을 바로 알았다. 상으로 받은 소를 바로 판 것도 그렇고, 뭐에 홀린 듯 정신줄을 놓고 있는 것도 그렇고, 별일 없는데도 여수에 자주 가는 것도 그랬다.

그런 아들을 지켜보며 말리거나 무슨 말을 하는 대신, 언제 다시 보게 될지 모를 거라 짐작하고 유언을 한 것이었다.

아버지는 아들이 일본으로 밀항한 후부터 원인 모르게 시름시름 앓다가 1960년대 초에 세상을 떠났다. 훗날 그는 '아버지 임종은 커녕 장례도 치르지 못한 불효자식' 이라며 평생 가슴을 치며 자책했다.

장대한 기골은 집안 내력

캄캄한 바다 한가운데. 김일은 뱃전에 선 채 눈을 지그시 감았다. 고향에서 보낸 어린 시절이 뭉게구름처럼 피어올랐다.

기골이 장대하고 힘이 센 '장사' 라 불리던 아버지, 그런 아버지를 빼닮아 어려서부터 힘이 셌던 그는 학교 운동회 릴레이 경주 때도 항상 선두였다. 동네 사람들은 '씨름뿐 아니라 모든 운동을 잘하는 것이 집안 내력' 이라며 치켜세웠다.

김일의 아버지 김정수는 6척이 넘는 장신으로, 조선 시대에 장수를 지낸 기골이 장대한 증조할아버지로부터 물려받은 체격이라고 했다. 아버지는 남 돕는 일이라면 발 벗고 나서는 성품이라 동네 사람들은 힘들고 궂은일이 있을 때면 아버지부터 찾아 도움을 청했다.

김일이 씨름대회에서 우승해 상으로 난 황소를 끌고 거금도에 도착하면 농악대가 흥을 돋웠다. 마을 입구에는 '김일 씨름 우승' 이라고 쓰인 종이가 군데군데 붙었다. 인심 좋은 아버지는 그런 날이면 온 동네 사람들에게 잔치를 베풀곤 했다.

일본행 배 위에서 김일은 고향 쪽을 바라보며 추억에 잠겼다. 살아서 다시 볼 수 있을까 싶은 불안감에 몸을 떨었다.

폭압과 질곡의 시대

평생 못 잊은 진돗개

일제강점기에 태어나 폭압과 질곡의 시대를 통과한 김일은 가난도 가난이지만 죽을 뻔한 고비도 넘겼다.

김일은 1929년에 태어났다. 그해 11월 3일, 광주에서 '명치절'(메이지 일왕의 생일) 축하 행사에 강제 동원된 학생들이 일본의 폭압적 식민 통치에 맞서 격렬하게 저항하며 대한 독립을 외쳤다. 3·1운동에 버금가는 광주학생독립운동이다. 김일은 이런 역사적인 해에 태어난 것이다.

김일은 일제강점기의 어린 시절을 회상할 때면 일본 순사에게 빼앗긴 진돗개 이야기를 빼놓지 않았다. 김일은 빼앗긴 그 진돗개를 50여 년간 가슴에 품고 살았다.

김일이 소학교(초등학교) 3학년이던 1940년 어느 날, 집 앞을 지나던 일본 순사가 진돗개를 보더니 공출이라며 끌고 갔다. 개의 가죽을 군용 방한복 재료로 쓴다고 했다. 어린 김일은 순사에게 질질 끌려가는 진돗개를 바라보며 그저 엉엉 울 뿐이었다.

그런데 얼마 후 진돗개가 숨을 헐떡이며 집 앞마당으로 뛰어 들어왔다. 김일은 너무 반가워 개를 얼싸안고 말했다.

"내가 다시는 너를 끌려가지 않도록 할게."

하지만 한 시간도 채 되지 않아 일본 순사가 들이닥쳤다. 진돗개가 도망간 걸 알고 찾아온 것이다. 그들은 김일을 윽박질러 혼내고는 개를 다시 끌고 갔다. 눈앞에서 두 번이나 진돗개를 빼앗긴 어린 김일은 땅바닥에 주저앉아 서럽게 엉엉 울었다. 일제는 김일의 진돗개뿐 아니라 동네 개를 다 끌어갔다.

일제는 김일이 세 살 때 중일전쟁을 일으켰고, 열두 살 때 태평양전쟁을 일으켰다. 전쟁 물자를 조달하느라 공출이라는 이름으로 민가의 곡식이며 소며 개며 놋그릇까지 쓸어가고 심지어 밥 짓는 솥단지까지 뜯어갔다.

김일의 진돗개 사연은 훗날 병상의 김일을 만나기 위해 일본 후쿠오카의 한 요양원에 들른 삼중 스님에 의해 알려졌다. 김일은 평생 바라던 대로 1994년에 그 개를 위해 고향에 동상과 비석을 세웠다. 비석에는 김일이 직접 쓴 글귀가 새겨졌다.

또다시 일본 순사에게 끌려가는 나의 친구 진돗개를 바라보기만 했을 뿐 끝까지 지켜주지 못했던 그 일은 나와 우리 민족 모두의 한과 비애로 남았습니다. (중략) 이제라도 우리의 잘못을 용서해주길 바라면서 이 작은 비석을 그대에게 바칩니다.

_ 1994년 10월 3일, 전 NWA 인터내셔널 헤비급 세계 챔피언 김일

김일공적비 옆에 진돗개를 기리는 동상을 세웠다 (가운데는 삼중스님)

작은 섬까지 들이닥친 여순 사건의 불똥

1948년, 김일이 열아홉 살 되던 해에 이른바 여순사건이 터졌다. 여수·순천 지역에 주둔하던 14연대 소속의 좌익 계열 군인들이 '제주 4.3사건' 진압 출동을 거부하고 봉기한 사건이다.

당시 김일이 살던 섬에서는 그런 일이 벌어졌는지조차 몰랐다. 하루 벌어 하루 먹고 사는데도 바쁜 데다가 외딴 섬까지는 뭍의 소식이 더디 왔다. 당시 정계는 좌익이니 우익이니 하며 싸움질을 벌였지만, 섬사람들은 좌익이나 우익이 뭔지도 몰랐다.

하지만 그 사건으로 수많은 사람이 죽어 나갔다. 14연대 반란군은 우익이라며 죽이고 군과 경찰은 '좌익을 색출한다' 며 양민들까지 마구잡이로 처형했다. 곳곳에서 보복 테러와 방화, 약탈 그리고 무자비한 학살이 벌어졌다.

작은 섬 거금도에도 불똥이 튀었다. 김일의 친구들과 동네 사람들도 희생당했다. 뭍의 소식에 울컥 분노가 치솟아오른 김일은 억울하게 숨진 친구들의 넋을 조금이라도 위로해주기 위해 봉기에 가담하고자 했다. 친구들과 여수로 갈 계획까지 세우고 아침 일찍 약속 장소로 갔는데, 웬일인지 약속 장소에는 아무도 없는 게 아닌가! 친구들이 쪽지만 남긴 채 먼저 가버린 것이다.

"너는 가정이 있지 않으냐. 우리만 간다."

이윽고 군경이 조용한 섬마을까지 들이닥쳐 빨갱이를 색출한다며 젊은 남자들만 보이면 마구잡이로 잡아갔다. 김일은 일단 피해다녔다. 친구들과 여수에 갈 계획을 세운 게 죄라면 죄였다. 무슨 죄도 아니었지만 한번 잡혀 빨갱이로 몰리면 빠져나갈 구멍이 없었다. 그러니 소나기는 피하고 보는 수밖에 없었다. 그는 낮에는 산에 숨어 있다가 해가 지면 내려오기를 반복했다.

그런데 매서운 바람이 몰아치던 12월 어느 날, 너무 추워 일찍 산에서 내려왔다가 잠복 중이던 군경에 체포되고 말았다.

평생의 공포로 남은 기억

빨갱이도 아니고 지은 죄도 없었지만 무서웠다. 죄가 있든 없든 마녀사냥식으로 사람을 파리 죽이듯 하는 판이었으니, 김일도 살아서 나가리란 보장이 없었다. 군인들이 '저 사람' 하고 지목하면 즉결 처분하고 학교 뒤쪽에 파놓은 구덩이에 시신을 아무렇게나 던져넣었다.

체포된 김일은 광주까지 끌려갔다. 그곳에서 군 검찰의 정식 심문을 받았다. 뼛속까지 파고드는 초겨울에 찬 서리를 맞으며 생사의 경계선에서 두려움에 떨었다. 말실수 한 마디에도 목숨이 날아갈 판이라 극도의 공포에 사로잡혔다.

"너, 빨갱이지?"

"아닙니다."

"너 보니까 부역했던데. 그러면 빨갱이 맞잖아."

김일은 부역이라는 말 자체도 몰랐다.

"부역이 뭔데요?"

"이 자식, 부역도 몰라? 너 일부러 모른 척하는 거지? 이놈 이거 빨갱이 맞네."

"아닙니다. 전 정말 아무것도 모르고 빨갱이는 더더욱 아닙니다. 섬에서 한 발짝도 나간 적이 없습니다."

"그런데 왜 숨어 있었어?"

"그건…."

김일이 순간적으로 말을 더듬자 군 검사가 소리치면서 책상을 쾅 내려쳤다.

"바른대로 말하지 못해!"

그 바람에 책상 모서리에 있던 그의 법모가 떨어졌다. 책상 옆에 꿇어앉아 있던 김일은 아무 생각 없이 떨어진 법모를 얼른 주워들고는 먼지를 닦느라 허벅지 쪽에 한 번 문지른 후 제자리에 올려놓았다. 그러자 군 검사는 그런 그의 모습이 순박하게 보였는지, 아니면 어이가 없었는지, 피식 웃는 것이었다.

"너 같은 애가 왜 여기까지 끌려온 거야? 이 자식 내보내. 빨갱이 아니야."

순간 어리둥절했지만 나가라니 그보다 더 좋을 수 없었다. 거기까지 끌려갔다가 아무 일 없이 나왔다는 건 기적이었다.

그는 그렇게 풀려났다. 훗날 김일은 인터뷰에서도 그때 일에 대한 답변을 피할 정도로 트라우마로 고통을 겪었다.

설움을 달랠 틈도 없이

낯선 일본 땅에서

고향의 추억에 젖어 있던 그를 깨운 것은 눈부신 아침 햇살이었다. 죽음을 무릅쓰고 건너온 바다. 여수항을 출발한 지 20시간, 시모노세키 항구가 눈앞에 다가왔다. 작별인사를 건네는 그에게 선원들은 어깨를 두드리며 격려했다.

"꼭 역도산을 만나게."

항구 풍경은 여수와 별반 다를 바 없었지만, 귓가에 들려오는 일본말로 여기가 낯선 땅임을 실감했다.

김일은 강심장이라고 자부해온 터였지만 일본 땅을 밟는 순간부터 간이 콩알만 해졌다. 체포의 두려움 때문이었다. 밀항자 티를 안 내려고 옷차림이나 표정도 신경 쓰고, 누가 일본어로 물어볼 것에 대비해 준비한 일본어 답변도 중얼중얼 외웠다.

시모노세키 항구에서 기차역까지는 걸어서 10분. 그는 역으로 가서 주저 없이 오사카행 기차표를 사서 기차에 올랐다.

'휴~ 무사히 기차를 탔구나.'

그제야 안도의 한숨이 절로 나오면서 긴장이 풀렸다. 그러자 배에서 꼬르륵 소리가 나고, 기차 안의 음식 냄새가 코를 찔렀다. 그러나 그는 기차에서 식음료를 파는 점원에게 음식을 달라고 말하지 못했다. 괜히 서툰 일본어로 말했다가 이상한 사람으로 보일까 싶어서였다. 그는 주린 배를 움켜쥐고 억지로 눈을 감았다가 깜빡 잠이 들었다.

얼마나 시간이 지났을까. 역무원이 흔들어 깨우는 바람에 순간 당황했다. 주머니를 뒤적여 겨우 기차표를 찾아 역무원에게 건네니, 역무원은 기차표를 유심히 보더니 구멍을 뚫은 후 되돌려줬다. 그는 정신이 번쩍 들어, 절대 잠들지 말자고 다짐했다.

이방인에게 다가온 검은 제복

시모노세키역을 출발한 기차는 다섯 시간을 달려 오사카역에 도착했다. 오사카역에서 다시 도쿄역으로 가는 기차로 갈아타러 가는 길에 매점에서 음료수와 빵 몇 개를 사서는 걸신들린 사람처럼 순식간에 먹어치웠다. 그는 문득 자신의 신세가 너무나 처량하게 느껴져 설움이 복받쳤다.

이제 네 시간 후면 도쿄역에 도착할 것이다. 거기 가면 역도산을 찾아가 만날 수 있을까? 그저 막연했다. 오사카역에서 도쿄행 기차에 몸을 맡긴 자신의 처지가 꿈인지 현실인지 분간이 가지 않았다. '찾아갔는데 역도산이란 사람은 없다고 하면 어쩌지?' 별의별 상상이 다 들었다.

드디어 도쿄역에 도착했다. 서울도 안 가본 김일에게 도쿄는 현기증이 날 만큼

번화하고 복잡했다. 주변의 안내 표지판을 따라 두리번거리니 누가 봐도 수상쩍었다. 아니나 다를까, 검은 제복 차림의 경찰 둘이 그에게 다가왔다. 불시검문이었다. 등골이 오싹하면서 식은땀이 비 오듯 흘러내렸다.

'이들을 밀치고 도망갈까? 순순히 심문에 응할까? 그래, 내가 여기서 튀어봤자 부처님 손바닥 안이다. 도망가다 잡히면 더 큰 낭패를 볼 거야. 차분하게 대처하자.'

오만 생각이 들었지만, 순순히 검문에 응하기로 마음먹었다. 경찰들은 그의 미적미적하는 태도에 밀항자임을 금세 눈치챘다. 도쿄역에서 밀항자들을 수도 없이 적발한 경찰들이었다.

김일은 배에 오르기 위해 선원증은 위조했지만, 일본 체류 신분증까지 위조할 수는 없었다. 경찰들은 단도직입으로 밀항자냐고 물었다. 숨길 도리가 없던 그는 시인할 수밖에 없었다. 곧바로 도쿄역 파출소로 연행되었다.

유치장에서 보낸 첫날 밤

연행되어 가던 김일은 절망감으로 한숨이 절로 흘러나왔다.
'이렇게 모든 것이 끝날 줄이야…'
파출소에 도착하자 경찰은 김일의 소지품을 샅샅이 뒤졌다. 가방 속에서 역도산 잡지와 사진이 나오자 그들도 역도산을 잘 아는 듯 자기네들끼리 뭔가 대화를 나누었다.

김일은 일제강점기 소학교 때 일본어를 조금 배워 이름과 나이 등 기본적인 일본어는 알아들을 수 있었다. 경찰관이 밀항 이유를 캐묻자 그는 잡지를 가리키며 대답했다.

"나는 저 선생의 제자가 되기 위해 밀항했습니다."

그러자 경찰은 코웃음을 치며 그를 무시했다. 파출소에서 기본 조사를 받은 후 경찰서로 넘겨졌다. 경찰서 조서는 강도가 더 셌다. 당시 일본은 사회적으로 어수선해 각종 범죄가 끊이지 않아서 경찰은 밀항자 색출과 조사에 힘을 기울였다. 조사 결과 밀항 외에는 범죄 혐의가 나오지 않자 그를 유치장에 감금했다.

김일은 그렇게 일본에서의 첫날밤을 유치장에서 보냈다. 잠이 올 리 만무했다. 고향의 가족에 대한 그리움과 현실의 불안감을 달래느라 뜬눈으로 밤을 새웠다. 아침이 되니 주먹밥이 나왔다. 그걸로 허기를 달랬다.

신이 배달한 편지

운명의 지푸라기

　유치장에서 사흘을 보낸 김일은 경찰서에서 30여 분 거리에 있는 도쿄 밀항자 수용소로 보내졌다. 체포된 밀항자들은 그곳에서 한국으로 강제 송환을 기다려야 했다.

　수용소의 11월은 추웠다. 차가운 마룻바닥에서 배고픔을 견뎌야 했다. 그러나 그보다 그를 더 힘들게 한 것은 기약 없이 허송세월하고 있다는 사실이었다.

　연말이 지나 1957년 정유년 새해가 밝았다. 그는 이러고 있으니 실낱같은 희망의 끈이라도 꼬기로 했다. '생의 지푸라기'를 잡기로 한 것이다. 김일은 수용소에서 제일 친절해보이던 교도관에게 부탁했다.

　"교도관님, 펜과 편지지를 좀 구할 수 있을까요?"

　"그건 뭐하게?"

　"편지 좀 보낼 데가 있어서요."

　"여기선 안 돼."

　교도관은 딱 잘라 거절했다. 그렇다고 포기할 김일이 아니었다. 급기야 단식 투쟁에 나섰다. 시큰둥하던 교도관은 사흘이 넘어 나흘째가 되자 태도가 달라졌다.

"아니, 왜 단식까지 하는 건가?"

"역도산 선생님께 편지를 보내고 싶습니다."

자기 고향이 아닌 역도산에게 편지를 보내고 싶다는 그의 말에 교도관은 어이가 없어 혀를 찼다. 그러나 김일의 각오는 꺾이지 않았다.

교도관은 김일의 고집에 머리를 절레절레 흔들며 편지 도구를 건넸다. 드디어 한 가닥 지푸라기가 그의 손에 쥐어졌다. 김일은 떨리는 심정으로 편지를 썼다.

역도산 선생님! 저는 선생님의 제자가 되기 위해 푸른 꿈을 안고 한국에서 혈혈단신 밀항한 김일이란 사람입니다. 저는 레슬링을 배우고 싶습니다. 선생님의 명성은 한국에 있을 때부터 알았습니다. 저는 어렸을 때부터 씨름 장사라는 말을 들었습니다. 호남 씨름대회에 나가 여러 번 우승하기도 했습니다. 그러나 밀항자로 체포된 저는 이곳 도쿄 수용소에 갇혀 하루하루를 보내고 있습니다. 저는 꼭 역도산 선생님의 제자가 되고 싶습니다. 부디 저에게 도움을 주셨으면 합니다.

주소를 알 리 없었다. 겉봉에는 '東京 力道山(동경 역도산)도장' 이라고만 썼다. 나머지는 운명에 맡겼다. 신이 자신의 정성에 감응한다면 이 편지가 역도산에게 전해지리라고 믿었다.

편지를 보내고 나서 날마다 애타게 답장을 기다렸지만 감감무소식이었다. 편지 발송을 부탁한 교도관을 볼 때마다 '답장이 왔느냐' 고 하도 물어본 통에 아침저녁으로 으레 건네는 인사말이 되었다.

처음엔 이런 김일을 비웃었던 교도관은 점차 태도가 바뀌었다. 역도산의 제자가 되겠다는 그의 진심이 느껴졌는지, 언제부턴가 그에게 '희망을 잃지 말라'며 격려하기까지 했다.

기다림에 하루하루 피가 말랐다. 10여 일이 흘러도 답장이 없자 김일은 자포자기하는 심정이 되었다.

'만사가 소용없게 되었구나.'

그렇게 반쯤은 포기한 상태로 하루하루를 보내면서도 매일 팔굽혀 펴기를 하는 등 체력 단련만은 게을리하지 않았다. 지푸라기를 아예 손에서 놓지는 않은 것이다.

지성이면 감천이라더니

편지를 보낸 지 보름이 흘렀다. 어느 날 교도관이 느닷없이 외쳤다.

"김일, 면회!"

김일은 이제 환청까지 들리는가 싶었다. 아니면 꿈속인가? 볼을 꼬집어보는데 교도관이 재차 외쳤다.

"김일, 면회 왔다니까!"

김일은 일반 면회실이 아닌 특별 면회실로 안내되었다. 면회실로 들어가자, 30대 초반으로 보이는 깔끔한 정장 차림의 신사가 그를 맞았다.

"당신이 김일입니까?"

김일은 긴장된 목소리로 그렇다고 대답했다.

"역도산 선생님께 편지를 보낸 사실이 있습니까?"

"예. 실례지만 뉘신지요?"

"아, 저는 역도산 선생님의 비서 요시무라 요시오입니다."

역도산의 비서란 말에 김일은 놀라서 벌린 입을 다물지 못했다.

"예?"

이윽고 환희로 가슴이 터져나갈 것 같았다.

'역도산 선생님이 내 편지를 보셨구나!'

정장 신사는 역도산 선생님이 자기를 여기로 보냈다면서 김일에게 확인하듯이 물었다.

"지금도 역도산 선생님의 제자가 되고 싶은 마음에 변함이 없습니까?"

김일은 온 힘을 다해 대답했다.

"예! 저는 오로지 역도산 선생님의 제자가 되기 위해 죽음을 무릅쓰고 밀항했습니다. 꼭 제자가 되고 싶습니다."

조마조마한 기다림 끝의 자유

비서는 김일의 신상에 대해 꼬치꼬치 캐물었다. 키와 몸무게, 한국에서의 씨름 전적, 프로레슬링에 대한 식견, 고향과 가족관계 등을 물으며 수첩에 꼼꼼히 메모했다. 그러더니 '인연이 닿으면 다시 만나자'는 말만 남긴 채 휑하니 사라졌다.

면회를 마치고 수감 방으로 돌아온 김일은 희망에 부풀었다. 석방된 거나 다름없는 홀가분한 기분이었다. 하지만 그로부터 일주일이 지나도록 새로운 기별이 없었다. 인연이 닿으면 다시 만나자더니, 인연이 아니란 말인가? 열흘이 지나자 초조감이 극에 달했다.

'뭔가 실수를 했나? 더 간곡하게 말할 걸 그랬나?'

도무지 한 치 앞의 운명도 알 수 없이 애만 탔다. 그러던 어느 날, 교도관이 김일을 부르더니 대뜸 외쳤다.

"석방이다!"

김일은 깜짝 놀라면서도 혹시 교도관이 놀리는 건 아닌가 싶었다. 교도관이 웃으면서 말했다.

"김일, 이제야 소원 풀었네. 역도산 선생이 당신 신원보증을 해주신 거야."

김일은 그제야 주먹을 불끈 쥐고 위아래로 흔들며 허공을 향해 수십 번 외쳤다.

"역도산 선생님, 고맙습니다! 고맙습니다!"

김일은 비로소 자유인이 되었다. 교도관하고는 미운 정 고운 정 다 들어서 수용소를 나서려니 서운하기도 했다. 그런 교도관을 만난 것도 행운이었다. 저 멀리서 누군가 김일을 부르며 손을 흔들었다. 전번에 면회 온 요시무라였다.

요시무라는 김일의 석방을 축하하며 차에 태웠다. 난생처음 타보는 고급 승용차였다. 마침 석방을 축하하듯 비가 부슬부슬 내렸다. 차는 미끄러지듯 수용소를 빠져나갔다.

1957년 2월 말, 밀항한 지 넉 달 만에 절망을 떨치고 희망을 향한 첫걸음을 뗐다.

꿈에 그리던 만남

간절하면 이루어진다

가는 차 안에서 김일은 요시무라에게 조심스레 물었다.

"어디로 가는 겁니까?"

"역도산 선생님을 뵈러 갑니다."

"예? 역도산 선생님을요? 지금이요? 진짜요?"

김일은 펄쩍펄쩍 뛰고 싶었다. 밀항의 피로와 수용소 생활의 서러움이 눈 녹듯 사라졌다. 요시무라가 김일의 의지를 새삼 따져봤다.

"역도산 선생님의 제자가 되려면 정말 힘들고 험난한 과정을 이겨내야 합니다. 자신 있습니까?"

그럴 만도 한 것이, 당시 운동깨나 한다는 사람들 대부분이 역도산의 제자가 되고 싶다며 자청하여 도장에 찾아갔다가 혹독한 훈련을 견디지 못해 짐 싸서 돌아갔기 때문이다.

한 시간 정도 달렸을까. 해가 기울 무렵 차는 도쿄 시내로 들어가 큰 건물 앞에서 멈췄다. '力道山 道場(역도산 도장)'이라 적힌 커다란 간판이 한눈에 들어왔다.

요시무라의 안내로 도장 안으로 들어가자 사각의 링이 있고, 그 옆으로는 역기, 아령, 폐타이어, 줄넘기, 샌드백 등 각종 운동기구가 즐비했다. 퀴퀴한 땀 냄새가 코를 찔렀다. 도장은 프로레슬러의 야망에 불타는 젊은이들이 링과 매트를 뒹굴며 내지르는 기합으로 요란했다.

훈련 장면을 넋 놓고 쳐다보던 김일은 기대와 걱정이 엇갈렸다. 수용소 생활을 하며 비쩍 곯은 자신의 몸이 우람하게 불끈거리는 그들의 몸과 비교되어 주눅이 들었다.

당시 일본에서 역도산은 최고 영웅이었다. 패전국 국민으로 콤플렉스에 찌든 일본인에게 거구의 미국인을 썩은 짚단 눕히듯 때려눕히는 역도산은 하늘이 내린 구세주였다. '일왕이나 총리 이름은 몰라도 역도산 이름을 모르는 사람은 없다'는 말이 돌 정도였다.

일본 프로레슬링의 창시자 역도산은 텔레비전, 신문, 잡지 등 각종 매스컴에서 하루도 기사가 빠지지 않을 정도로 영향력이 엄청났다. 일본 정계의 거물급 인사들도 만나기 어려운 명사 중의 명사였다.

그런 역도산이 한낱 초라한 한국인 밀항자인 자신을 신원보증으로 구제하고 만나주기까지 한다니, 김일은 꿈만 같아서 흥분을 가라앉힐 수 없었다.

잘 다듬으면 쓸 만하겠어

요시무라는 김일을 관장실로 데려갔다. 방 안 가득한 트로피와 상패, 사진. 그 옆에서 역도산이 김일을 기다렸다.

김일은 정신이 아찔하고 다리가 후들거렸다. 식은땀이 났다. 딱 벌어진 어깨와 당당한 체구, 굵고 호탕한 목소리, 카리스마 넘치는 강인한 모습. 잡지에서 보던 모습보다 훨씬 더 풍채가 돋보였다. 역도산이 김일을 위아래로 쓱 훑어보더니 말을 건넸다.

"자네가 김일인가? 씨름을 했다지?"

김일은 왠지 부끄러워 고개를 푹 숙였다.

"예."

"죽을 각오로 현해탄을 건너왔으니 앞으로 모든 것을 참고 견뎌."

그러면서 김일에게 다가와 어깨를 툭툭 두드리면서 격려했다.

"잘 다듬으면 쓸 만하겠어. 열심히 해."

이날의 짧고 굵은 첫 만남은 김일의 마음속에 평생 남았다. 남들 보기에 허황하기 그지없는 꿈이 현실이 된 순간, 김일은 감격해 마지않았다. 이제 판은 깔렸으므로, 그 판에서 어떻게 노는지는 순전히 자신한테 달렸다고 생각하니 걱정도 되었지만, 저절로 주먹이 불끈 쥐어졌다.

합숙소에서의 첫날

요시무라는 김일을 선참 선수들에게 데려가 인사를 시켰다. '역도산 선생님 제자가 되기 위해 한국에서 현해탄을 건너왔다'고 김일을 소개했다.

"김일입니다. 잘 부탁드립니다."

그러나 김일을 대하는 선참들의 시선은 차가웠다. 위아래로 힐끔 쳐다볼 뿐 별

말이 없었다. 침묵 속에 어색한 분위기가 흘렀다.

합숙소는 도쿄 아카사카에 있는 한 아파트였다. 이제부터 생판 모르는 선참 선수들과 함께 생활해야 한다는 생각에 김일은 심란했다. 저녁 시간에 주변 거리도 익힐 겸 밖으로 나와 혼자 걸었다. 모든 게 낯설었다. 거리의 식당에서 삼삼오오 모여 저녁을 먹는 사람들이 부러웠다. 서쪽 하늘을 쳐다보았다. 저쪽 하늘 아래가 고향일 터였다. 그날따라 가족이 사무치게 그리웠다.

산책을 끝내고 무거운 발걸음을 돌려 숙소로 돌아왔다. 아무도 반기지 않았다. 비웃는 듯한 눈초리가 느껴져 더욱 주눅이 들었다. 누가 새로 오면 으레 물어보는 기본적인 질문조차 없이 못 본 척했다. 숫제 투명인간 취급이었다.

잠을 어디에서 자야 할지도 몰라 거실 한구석에 웅크린 채 앉았다. 이불도 없었다. 다른 선수들은 피곤했는지 눕자마자 코를 골았다. 그는 그들의 코 고는 소리를 들으며 뜬눈으로 밤을 새우다시피 했다.

꿈에 그리던 역도산을 만난 설렘도 잠시, 외톨이로 만감이 교차했다. 꿈은 장밋빛으로 찬란했지만, 현실은 냉혹했다.

아침이 되니 그중 막내로 보이는 선수가 밥을 지었다. 그를 도와야 할지, 가만히 보고만 있어야 할지, 무엇을 어떻게 해야 할지 몰랐다. 아무도 그에게 말을 걸지도 않고 눈길도 주지 않았다. 선수들은 막내가 차린 밥을 후딱 먹어치우고는 도장으로 나갈 채비를 했다. 그런 가운데 한 선참 선수가 김일을 부르더니 강압적인 말투로 명령했다.

"너는 오늘부터 빨래와 합숙소 청소를 맡는다. 그 일을 끝내고 도장으로 나와라."

김일은 허드렛일이라도 시켜주니 좋았다. 비로소 존재를 인정받는 느낌이 들었다. 선참들이 도장으로 나가고 난 뒤 남은 밥과 반찬으로 주린 배를 채웠다. 산더미처럼 쌓인 빨래와 설거지통을 보자니 서럽기도 하고 허탈한 웃음이 나왔다. '내가 이러려고 이 머나먼 타국까지 왔나' 싶었지만, 이 정도 고비도 못 넘기면 아무것도 할 수 없으리라는 생각에 새삼 전의를 불태웠다.

| 3장 |

고난과 입신의 첫 라운드

오오키 긴타로(大木金太郎)는 김일의 일본 이름이다.
옛날 긴타로라는 장사는 곰을 한 손으로
때려눕힐 만큼 힘이 셌다고 한다.
스승은 제자에게 그런 장사가 되라며
이 이름을 지어주었다.
첫 경기 이후 김일은 오오키 긴타로로 다시 태어났고,
이후 일본 무대에서 그 이름으로 통했다.
비록 첫 경기에서 졌지만, 이는 그가 위대한
프로레슬러로 나아가는 여정의 시작일 뿐이었다.

참는 자에게 복이 있나니

레슬링은 언제 배우나

김일은 역도산을 만나기만 하면 곧바로 프로레슬링 선수로 가는 길을 걸을 줄 알았다. 하지만 역도산 도장에서 맞닥뜨린 현실은 절망적이었다. 레슬링을 배우는 대신 청소, 빨래, 밥 짓기, 잔심부름 등을 하며 세월을 보내야 했다. 심지어 선참 선수들의 마사지까지 해야 했다. 머슴이 따로 없었.

잘 때도 선참들의 침구를 모두 펴주고 난 다음에야 겨우 눈을 붙일 수 있었다. 아침에는 누구보다 일찍 일어나야 했다. 웬만한 인내심으로는 하루를 견디기 힘든 나날의 연속이었다.

도장 청소는 물론이고 모든 운동기구를 윤이 나도록 닦고, 조이고, 기름칠해야 했다. 식모에 청소부에 하인에, 1인 3역을 하느라 하루 24시간도 모자랐다. 그런데도 청소 상태가 조금이라도 불량하다 싶으면 선참들의 불호령이 떨어지고 체벌이 따랐다. 원산폭격을 시키고 엉덩이를 몽둥이로 후려치기 일쑤였다. 특히 김일은 조선인이라는 이유로 더욱 멸시했다.

서열에 따라 위계질서가 엄격했다. 나이는 따지지 않고 도장에 들어온 순서대로 선후배가 정해졌다. 자기보다 어리더라도 먼저 입문한 선수라면 깍듯하게 선배님으로 예우하며 머리를 숙여야 했다.

김일은 서러움에 복받치면 달밤에 홀로 앉아 고향을 생각하며 기분을 달랬다. 밤하늘의 달을 보며 숱한 생각을 그렸다가 지웠다. '기껏 식모살이, 청소부나 하러 여길 왔나' 싶어 때려치울까 하다가도 고진감래를 떠올리며 마음을 고쳐먹었다.

'그래도 언젠가는 즐거운 날이 올 것이다. 참는 자에게 복이 있다고 했으니, 현실을 인정하고 참고 또 참으며 그 끝에 무엇이 남는지 한번 해보자.'

이렇게 현실을 기꺼이 받아들이기로 작정하고 마음을 편히 가지니 밥하는 것도, 청소하는 것도 조금씩 즐거워졌다.

청소 구역 중 유달리 흥에 겨워 쓸고 닦은 곳이 바로 사각의 링이다. 링은 막내가 함부로 올라갈 수 없는 데여서 청소한다는 핑계로나마 한 번씩 올라갈 수 있었다.

김일은 선수들의 피땀으로 얼룩진 매트를 반질반질하게 닦았다. 비록 청소할 때만 올라갈 수 있지만, 링 위에서는 기분이 그렇게 좋을 수 없었다. 콧노래가 절로 나왔다.

고생하는 중에도 세월은 빨라 어느덧 5개월이 흘렀다. 이제 부엌일이든 빨래든 청소든 운동기구 손질이든 살림에는 도가 텄다.

하늘은 스스로 돕는 자를 돕는다

살림하고 허드렛일 하는 것도 이력이 붙자 한층 수월해져 마음에 여유가 좀 생졌다. '이제는 혼자서라도 훈련을 해야지' 싶어 틈만 나면 몰래 혼자 훈련을 시작했다. 그러다 들켜서 혼나는 거야 대수가 아니었다. '나쁜 짓 하는 것도 아닌데 혼자라도 열심히 하다 보면 기회가 더 빨리 오지 않을까' 싶은 기대가 있었다.

도장 청소를 마치고 선참 선수들이 없는 틈을 타 링에 올라가 낙법도 해보고, 뒤로 떨어져도 보았다. 샌드백도 두들기고, 고무줄로 업어치기 흉내도 냈다. 굵은 땀방울을 흘리며 역기도 들었다.

구슬땀을 흘리며 웨이트 트레이닝에 열중하는 김일

| 3장 | 고난과 입신의 첫 라운드

웨이트 트레이닝은 무척 힘들어서 선참 선수들도 힘에 부치면 꾀를 부렸지만, 그는 벤치프레스를 수백 번 들어 올리며 몸을 만들었다. 몸은 고달팠지만, 비로소 살아있다는 게 느껴졌다.

비쩍 곯았던 몸에 근육이 붙어 돌처럼 단단해지는 게 느껴졌다. 물론 몰래 운동을 하다 선참들에게 들켜 혼나기도 했지만, 수개월 동안 묵묵히 자기들 뒤치다꺼리를 해온 그를 심하게 대하지는 못했다. 오히려 온갖 잡일을 다하면서도 개인 훈련을 하는 그의 성실성을 높이 사 레슬링에 관해 말해주거나 친근하게 대하는 선참들도 있었다. 마침내 김일을 동료로 대하기 시작한 것이다.

이제 넌 내 제자다

그즈음, 역도산이 몇 달 만에 김일을 찾았다. 툭하면 해외 원정 시합을 나가거나 숱한 행사에 참석하느라 눈코 뜰 새 없이 바쁜 역도산이었다. 첫인사를 나눈 후로는 몇 번 보지도 못했고, 어쩌다 도장에서 마주쳐도 김일에게 눈길 한 번 주지 않은 터였다. 역도산의 이런 냉정한 태도에 김일은 내심 서운하기까지 했다.

그런 스승이 대뜸 자기를 부른다고 하자 걱정부터 앞섰다.

'몰래 연습한 것 때문에 그러신가? 누가 고자질했을까?'

스승의 방에 들어서자마자 무릎 꿇고 머리를 숙인 채 불호령이 떨어지기만 기다렸다. 등골에서 땀이 주르르 흘러내렸다. 그런 그를 역도산이 담백하게 불렀다.

"김일!"

"예!"

"여기 온 지 얼마나 됐지?"

"예, 5개월 됐습니다."

"벌써 그렇게 됐나?"

스승의 목소리에는 정감이 묻어났다. 전혀 야단치는 기세가 아니었다.

"좋아, 너 내일부터 운동해라."

"예? 정말입니까?"

김일은 귀를 의심했다. 막힌 가슴이 뻥 뚫렸다. 얼마나 기다리던 순간인가! 얼이 빠진 김일에게 역도산이 당부의 말을 덧붙였다.

"너는 죽음을 무릅쓰고 현해탄을 건너온 이유를 증명해야 해. 다른 선수가 하루 다섯 시간 훈련하면 넌 열 시간 훈련해야 한다. 링에서 죽을 각오로 운동해라."

김일은 역도산의 말뜻을 알아들었다. 김일이 자신의 제자임을 공식으로 인정한 것이다. 김일은 우렁차게 대답했다.

"예! 반드시 선생님 가르침에 보답하겠습니다."

역도산은 김일에게 먹고 싶은 거 먹고, 사고 싶은 거 사라며 봉투를 내주었다. 지난 5개월 동안 받은 돈보다 더 큰 돈이었다.

김일은 모처럼 혼자서 도쿄 시내를 걷다가 평소 눈여겨 봐둔 정통 일식집으로 향했다. 그러나 막상 그 앞에 가니 왠지 청승맞은 기분에 발길을 돌렸다.

'이럴 때 친구라도 있으면 불러내 걸게 한턱내는 건데…'

김일은 홀로 쓸쓸하게 우동 한 그릇만 사 먹고 말았다. 숙소로 돌아오면서 동료들에게 줄 음료를 한 보따리 샀다.

숙소로 돌아오니 그가 이제 정식 훈련을 허락받았다는 사실을 다들 알고 있었다. 선참들은 축하하면서도 이제부터 시작될 지옥 훈련을 각오하라며 걱정의 말을 건넸다.

"축하해. 열심히 해보자."

"각오 단단히 해야 해. 지옥 훈련을 못 견디고 보따리 싼 선수가 한둘이 아니야."

"역도산 선생님의 무자비한 가라데촙 한 방 맞고 한 달이나 드러누운 친구도 있었지."

"게으름 피우다가 링 바닥에 메다 꽂힌 선수도 있었잖아."

'충분한 훈련이 있어야 실전에서 다치지 않는다'는 것이 역도산의 훈련 철학이었다. 인정사정 보지 않고 밀어붙였다. 선참들은 저마다 훈련 무용담을 풀어놓으며 고개를 절레절레 흔들었다. 김일은 문득 스승의 말이 떠올랐다.

'죽을 각오를 하고 훈련에 임해라. 남들보다 두 배, 세 배 더 해라.'

다들 잠든 후에도 그는 쉬 잠들지 못했다. 어떻게 온 일본인가.

'훈련, 그까짓 거 못 해낼 것도 없지. 챔피언만 될 수 있다면 지옥도 마다하지 않을 테다. 내일부턴 내 몸은 내 것이 아니다.'

새벽녘에야 겨우 잠이 든 김일은 사각에 링에서 피 터지게 싸우다 죽는 꿈을 꿨다. 꿈이 너무 생생해서 가슴이 뛰고 온몸이 땀에 흠뻑 젖어 있었다.

말로만 듣던 지옥 훈련

투혼을 기르는 기초 훈련

정식 훈련을 허락받자 당장 먹을거리와 대우가 달라졌다. 매일 고기를 먹고 치즈와 버터 등으로 영양을 보충했다. 주식으로는 빵과 밥을 번갈아 먹었다. 체중이 금세 100kg을 훌쩍 넘어섰다. 빨래도 최고 선참 것만 맡아 하면 되어서 허드렛일이 크게 줄었다.

선참들 훈련 파트너로 인정되어 대우도 달라졌다. 시합 때면 함께 차를 타고 갔으며, 식당에서도 마주 보며 식사할 수 있었다. 음식점이나 가게를 갔을 때 역도산 제자라고 하면 주변에선 역도산의 사인이나 사진을 부탁하는 팬들의 요청이 빗발쳤다.

그러나 역도산의 진짜 제자가 되기 위해서는 지옥 훈련 관문을 통과해야 했다. 프로그램은 기초 체력 증진을 위한 단련에 맞춰졌다.

어둑한 새벽에 한 시간 먼저 일어나 러닝을 한 후에 선참들의 아침 식사를 거들고, 맨 나중에 밥을 먹고는 도장으로 향했다.

오전 10시부터는 체력강화 훈련을 했다. 도장 한가운데에는 '鬪魂(투혼)' 이라고 쓰인 큰 액자가 걸렸다. 가쁜 숨소리, 쩌렁쩌렁한 기합에 체육관은 어느새 뜨거워졌다. 선수들의 가쁜 호흡과 바벨 떨어지는 육중한 소리가 휘몰아쳤다. 자기 몸무게 두 배는 됨직한 바벨을 들어올리느라 선수들이 잔뜩 인상을 쓰며 땀을 흘렸다. 실전을 능가하는 연습에 숨은 턱까지 차오르고 입에서는 단내가 났다.

점심 식사를 마치자 선참 선수들은 꿀맛 같은 낮잠으로 피로를 풀었다. 하지만 김일에게는 그런 휴식도 허락되지 않았다. 하루하루가 긴장의 연속이라는 스승의 일갈을 새기며 정신이 흐트러지지 않도록 심리 훈련에 전념했다. 상대 선수를 생각하며 어떤 자세로 어떻게 공격할지 상상하는 훈련을 하며, 보이지 않는 상대와 일진일퇴를 반복했다.

오후 4시부터는 지옥 훈련 중의 지옥 훈련으로 불리는 서키트 트레이닝을 했다. 30초 동안 무릎을 허리까지 올리며 제자리 뛰기를 한 뒤, 30초 동안 각종 기구를 이용해 근지구력을 키우는 동작을 반복하는 훈련이다. 역도산은 조금도 틈을 주지 않고 김일을 매섭게 다그쳤다. 훈련은 종일 계속되었다. 별도의 저녁 훈련까지 기다리고 있었다. 다른 선수들은 휴식을 취했지만, 김일은 훈련에 온 힘을 쏟았다. 매일 똑같은 훈련이 반복됐다. 반복되는 훈련이 혹독하기까지 해서 김일의 의지를 시험하는 성싶었다. 김일은 악으로 깡으로 버텨냈다.

혹독한 훈련을 소화하느라 두 눈이 이글거렸다. 어떤 경기를 하든 상대방의 눈빛을 보면 경기의 승패를 읽을 수 있다. 특히 프로레슬러들은 링에 서면 눈알이 튀어나오도록 눈싸움을 벌인다. 경기에 들어가기 전에 기세 싸움부터 벌이는 것이다. 이 기세에서 밀리면 실제 경기에서도 이기기 어렵다. 혹독한 훈련만이 기세를 키우는 비결이다. 이제 김일의 눈은 슬쩍 쳐다만 봐도 등골이 서늘할 만큼 활활 이글거리게 되었다. 그 누구를 마주하더라도 기세에 밀리지 않게 된 것이다.

온몸을 무기로 만드는 2단계 훈련

반복된 훈련은 고되기 그지없었지만, 몸이 무쇠처럼 단련되는 걸 느끼면서 김일은 훈련이 즐거워졌다. 애벌레가 허물을 벗고 나비가 되어 날아오르듯, 진정한 레슬링 선수로 탈바꿈하는 느낌이었다. 장작처럼 말랐던 몸에 근력이 붙어 2단계 훈련에 들어갔다. 2단계 훈련은 신체를 부위별로 단련하는 운동이었다. 하체 힘과 지구력 강화를 위한 매일 달리기는 기본이다. 줄넘기는 하루 최소 3천 회를 했다. 바벨 들어 올리기와 하루 2천 회 이상 팔굽혀펴기로 팔힘을 키웠다. 당기는 힘과 밀어내는 힘을 키우면서 손아귀의 힘까지 길렀다. 철봉과 탄력 강한 고무줄을 사용해 손가락과 어깨 힘도 키웠다.

가장 힘든 건 목 운동이었다. 프로레슬링에서 목은 가장 중요한 중심부다. 목 힘이 강하지 않으면 매트에 떨어지면서 받은 충격을 흡수하지 못해 선수 생활이 끝나는 것은 물론 심하면 목숨까지 잃을 수 있다. 목 근육 발달을 위해 브릿지 운동을 했다. 누운 상태에서 머리를 중심축으로 땅에 고정하고 상하를 움직였다.

이렇게 하고 나면 목이 아파 견딜 수가 없었다. 심지어 목뼈에 금이 가기도 하지만 아프다는 시늉조차 할 수 없었다. 금이 가면 금이 간 채로, 피가 나면 피가 난 상태로 계속 훈련해야만 했다. 목 운동을 끝낸 후 침을 뱉으면 피가 섞여나오는 것은 기본이었다. 누가 뒤에서 불러도 돌아볼 수 없을 정도로 통증이 심할 때도 있었다.

체력 운동이 끝나면 동료와 함께 매트에 누워 서로가 팔을 꺾고 몸을 누르며 조르는 연습을 반복했다. 꺾기, 조르기는 인정사정없었다. 연습 중 팔과 다리가 부러지는 건 예사였다. 이 훈련이 끝나면 상대가 들어올린 후 매트에 던졌다. 들어올려져 매트에 내려꽂히면 눈알이 튀어나올 지경이었다.

연습이 실전보다 더 치열했다. 잠깐의 게으름도 용서가 없었다. 도장의 좌우명이 '투혼'이다. 그러니 죽어도 포기하지 않고 끝까지 투쟁하는 기백을 길러야 했다. 선수들은 훈련 중에 기진맥진하여 초주검 상태가 되기 일쑤였지만, 역도산은 굶주린 짐승을 몰아대듯 일순간의 나약함과 안일도 용납하지 않았다. 실전에서는 한순간의 자만과 방심이 패배를 부르기 때문이다.

김일의 몸은 온통 피멍이었다. 자다가 통증을 못 이겨 신음을 흘릴 정도였다. 악몽에 시달리다가 깨어난 적도 숱했다. 심할 때는 도망치고 싶은 충동에 사로잡히기도 했다.

악명 높은 귀 단련

혹독한 훈련의 흔적은 김일의 몸에 훈장처럼 새겨졌다. 일반인들은 김일의 주먹처럼 오그라든 귀를 보면 깜짝 놀랐다. 그는 레슬링의 훈장이라며 웃어넘겼다. 격투기 선수들이 대부분 갖게 되는 고통의 산물이 '귀 훈장'이다.

"야, 김일! 매트 위로 올라와."

역도산이 부르면 매트 위로 재빨리 올라가야 했다. 스승은 그를 뒤로 눕히고는 온몸을 던져 엉덩방아 찍기로 귀를 문질러대고 신발 신은 발로도 비벼댔다. '악!' 하는 신음을 내면 더 강하게 찍고 비벼대므로 소리를 내서는 안 되었다.

귀 단련은 링 밖에서도 이어졌다. 얼굴을 소파에 갖다 대면 스승은 얼굴을 팔

걸이 삼아 기대어 앉았다. 30여 분이 흐르면 김일의 귀가 홍시처럼 새빨개졌다. 그러면 반대쪽 귀를 갖다 대기 위해 자세를 바꾸면서 겨우 한숨 돌렸다.

훈련 과정에서도 귀가 단련됐다. 매트에서 전후좌우로 뒹굴고 연습하다 보면 귀가 찢기고 부어 피가 줄줄 흐르고 곪았다가 터졌다가를 반복했다. 바람만 스쳐도 눈물이 핑 돌 정도로 아팠고, 아프다 보니 몸에서 미열이 떠나지 않았다.

아픈 귀에 반창고를 붙이거나 약을 바른 것을 들키면 스승은 바로 그 귀를 집중공격했다. 소리가 잘 들리지 않아 선배들이 이름을 불러도 듣지 못할 정도로 고막까지 이상이 생겼다.

얻어맞는 것도 훈련이라지만

귀뿐만 아니라 신체 마디마다 굳은살이 박였다. 훈련도 지독했지만, 매로 단련된 바가 더 컸다. 김일은 하루라도 매를 맞지 않으면 몸이 근질거릴 정도로 매 맞는 게 훈련의 일상이었다.

"김일!" 하고 부르면 자동으로 몽둥이를 가져가 엎드려뻗쳐 자세를 취했다. 소리라도 내면 스승은 나무라며 더 때렸다.

"아파? 그런 소리가 나와?"

한 대 맞을 때마다 큰소리로 외쳐야 했다.

"아리가또 고자이마스!"

김일의 몸은 성한 데가 없을 정도로 상처투성이였다. 머리 터진 건 한두 번이 아니었다. 한 번은 스승이 옆에 있는 나무로 그냥 머리를 찍어 피가 줄줄 흐르는

데 다시 그 자리를 얻어맞았다. 링으로 올라가면 또다시 손으로 때리고 발로 찼다. 역도산은 김일이 아파하는 곳을 용케 알고 또 그 부위만 찾아 공격하곤 했다.

스승의 매는 김일에게 원망을 사기도 했다. 일본인 선수들은 좀처럼 때리지 않으면서 김일만 집중적으로 때렸기 때문이다. 역도산이 유독 김일만 골라 때리니 일본 선수들이 보기에도 안쓰러웠는지, 그를 위로하며 정종을 사줄 정도였다. 김일은 같은 한국인이면서 차별한다는 생각에 배신감마저 들었다. 분노가 치밀어 올라 레슬링을 하고 싶지 않을 정도였다. 역도산의 제자고 뭐고 다 때려치우고 싶다고 그는 진심으로 생각했다. 그러다가 어느 날에 짐을 싸 도장을 뛰쳐나갔다. 그날 하루는 해방감을 느꼈지만, 시간이 지나자 초조해지고 걱정이 되었다. '죽을 각오로 운동해야 한다'는 스승의 다그침이 종일 따라다녔다. 뛰쳐나와 하루 방황하다 보니 레슬링이 아니면 자신은 아무것도 아니라는 생각이 들었다.

'그래. 여기서 이렇게 포기할 순 없지.'

매에 담긴 스승의 진실

가출 하루 만에 도장으로 돌아오자 역도산이 불렀다. 김일은 맞아 죽을 각오로 자청하여 몽둥이를 들고 스승에게 갔는데, 스승은 차갑게 말했다.

"그만둬!"

순간 김일은 가슴이 철렁했다.

"내가 너를 때리지 않으면 너와의 인연이 끝난다. 그것을 견디지 못해 도장을 뛰쳐나간 넌 레슬링을 할 자격이 없다. 넌 일본 선수들과 다르다. 너를 때린 건 혹독한 단련을 위해서야."

그제야 김일은 스승이 내린 매의 뜻을 알아차리고는 엎드려 빌었다.

"미련한 생각에 잘못했습니다. 한 번만 더 기회를 주십시오!"

스승이 정말로 자신을 내치는 것만 같아 애타 하는 김일을 비서 요시무라가 조용히 불러 스승이 일본에서 겪은 고초를 얘기했다. 역도산이 과거 일본에서 스모 선수 시절에 겪은 고초는 형언할 수 없을 정도로 모질었다. 매 같은 건 아무것도 아니었다. 인간 차별은 매보다 백 배는 더 고통스러웠다. 역도산은 그런 차별을 넘어서기 위해 어떤 지독한 훈련도 마다하지 않았다.

"스승님이 김 상을 때린 데는 다 이유가 있습니다. 그것을 참고 견뎌내는 것도 훈련의 과정이라 생각하세요. 스승님은 힘들다고 푸념하는 사람을 가장 싫어하십니다."

그 일 이후 김일은 더욱 훈련에 매진했다. 스승의 매는 여전했지만, 신기하게도 그 매의 본심을 이해한 후부터 맞아도 아프지 않았다. 그러니 매를 맞으면서도 고맙다는 생각이 절로 들었다.

역도산이 김일을 대하는 태도는 조금씩 부드러워졌다. 가끔 관장실로 불러 한국 음식 심부름을 시키기도 했다. 역도산은 그 심부름을 꼭 김일에게만 시켰다. 김일이 한국 김치를 몰래 사오면 역도산은 일본인 선수들 모르게 먹곤 했다. 한국인임을 드러내지 않고 일본인처럼 행동했지만, 그 역시 고국의 맛은 평생 잊지 못한 것이다.

김일은 역도산으로부터 포기할 줄 모르는 투혼, 인내심, 노력을 배웠다. 무슨 일이든 끝까지 포기하지 않고 노력하면 반드시 좋은 결과가 있다는 사실을 김일은 평생 잊지 않았다.

데뷔전 패배를 거울 삼아

잊지 못할 첫 경기

1958년 11월, 김일이 역도산 도장에 입문한 지 1년여가 지난 무렵이었다. 역도산이 부르더니 대뜸 일렀다.

"김일! 경기 준비해."

그 한마디뿐이었다. 상대가 누구인지 어디서 경기를 하는지도 말해주지 않았다. 느닷없는 말에 설레기도 하고, 상대가 누구인지 무척 궁금하기도 했다. 어쨌든 첫 경기인 만큼 반드시 이기고 싶었다.

상대가 누구인지 알게 된 건 경기 일주일 전이었다. 조 히구치. 역도산 도장 선수로 김일보다 두어 살 많은 데다가 레슬링에 일찍 입문해 이미 중견급 선수로 이름을 날리던 터였다. 첫 상대로 스승이 강자를 고른 것이다.

김일은 두근거리는 가슴을 주체하기 힘들었다. '노련한 선배와 싸워 이길 수 있을까' 걱정도 되었지만, 결전에 나선 이상 그동안 배운 기술을 총동원해 '반드시 이기리라' 다짐했다.

첫 경기는 도쿄의 한 경기장에서 오픈 게임으로 치러졌다. 오픈 게임이지만 훈련과 실전은 달랐다. 체육관에 들어서자 조명을 받아 환한 사각의 링이 선명한 풍경으로 눈에 들어오고 관객의 시선이 느껴졌다.

드디어 프로레슬링 입문 후 첫 경기. 그때는 가운도 없어서 검은색 팬티 차림에 목에 수건 한 장만 걸친 채 링에 올라갔다. 조 히구치는 김일을 단번에 때려 눕힐 것 같은 기세로 느릿느릿 링에 올랐다. '저깟 애송이쯤이야' 하는 표정에 여유가 넘쳤다.

이윽고 1라운드 공이 울리자 히구치는 성난 코뿔소처럼 돌격해왔다. 그동안 혹독한 훈련을 받으면서 수학 공식처럼 달달 외워 익힌 기술은 실전에선 아무런 소용이 없었다. 김일이 꺾기를 시도했지만 먹혀들지 않았다. 김일은 방어에 급급하느라 일방적으로 밀렸다. 히구치는 노련한 선수답게 적당히 반칙도 했다.

김일은 일방적으로 공격을 당하다 오기가 발동해 이판사판으로 정면승부를 걸었다. 헤드록을 걸고 링으로 밀어 로프 반동으로 튕겨 나오는 히구치에게 킥에 이어 당수를 날렸다.

그러나 상대의 노련함은 하루아침에 생긴 게 아니었다. 김일의 공격에 상대는 비틀거렸지만, 그마저도 작전이었다. 김일은 그의 작전에 말려들어 곧바로 보디슬램을 당했다. 상대가 그를 번쩍 들어올린 뒤 매트 위로 내동댕이치고 묵직한 몸으로 덮쳤다.

"원, 투, 쓰리!"

심판이 매트를 세 번 두드렸지만, 김일은 어깨 반동조차 시도하지 못했다. 그렇게 허무하게 첫 경기가 끝났다. 경기가 끝난 후 김일은 대기실에 큰 대 자로 뻗은 뒤 미동도 하지 않은 채 천장만 응시했다.

허리, 머리, 몸통이 후끈후끈 쑤셨다. 하지만 아픈 것이 문제가 아니었다. 패배에 대한 자책감과 함께, 앞으로 순탄하게 선수 생활을 할 수 있을지 걱정도 밀려왔다. 역시 실전은 달랐다.

김일은 첫 경기에서 무참하게 패배를 안긴 조 히구치를 평생 못 잊었다. 그만큼 쓰라린 패배였고, 김일 자신의 주제를 알게 해준 약이기도 했기 때문이다.

김일은 훗날 그를 다시 만났다. 2006년 봄, 일본을 방문했을 때다. 일본 레슬링 단체를 방문했을 때 누군가 김일을 불렀다. 돌아보니 히구치였다. 몸이 불편해 휠체어에 앉아 있는 김일을 보자마자 히구치는 반가운 호통을 쳤다.

"오오키 긴타로! 걸어와야지 휠체어가 뭐야!"

살아생전 영영 보지 못할 것 같던 그와의 재회. 히구치는 김일을 진심으로 걱정했다.

"오오키, 건강해야 해!"

오오키 긴타로(大木金太郎)는 김일의 일본 이름이다. '오오키'는 '크다'는 뜻이고, '긴타로'는 일본의 전설적인 장사를 뜻한다. 옛날 긴타로라는 장사는 곰 같은 사나운 짐승과 싸워도 한 손으로 끝냈다고 할 만큼 힘이 셌다고 한다.

스승은 제자에게 그런 장사가 되라며 그런 이름을 지어주었다. 첫 경기 이후 김일은 오오키 긴타로로 다시 태어났고, 이후 일본 무대에서 그 이름으로 통했다. 비록 첫 경기에서 졌지만, 이는 그가 위대한 프로레슬러로 나아가는 여정의 시작일 뿐이었다.

자기만의 필살기를 찾아

첫 경기에서 무참히 패한 김일은 의기소침했지만, 낙담하지는 않았다. 다음이 있기 때문이다.

첫 경기를 치른 후 거의 보름 단위로 경기가 이어졌다. 두 번째 경기에서 만난 상대는 스모 선수 출신 레슬러였다. 김일은 한국의 씨름이 스모 기술보다 뛰어나다는 사실을 입증해보이고 싶은 마음에 최선을 다했고, 결국 경기에서 이겼다.

그러나 김일은 첫 승리에도 별로 기쁘지가 않았다. 스승은 다음에도 잘하라고만 할 뿐 축하는 하지 않았다. 김일은 그때부터 깨달았다.

'나만의 강력한 특기를 지녀야만 프로레슬링 세계에서 살아남을 수 있다!'

프로레슬링 경기에서 이기려면 상대를 야비할 정도로 거칠게 몰아붙여야 한다. 안면 주먹 가격, 급소 차기, 이마를 기둥에 부딪히기, 로프에 목 감기, 로프에 눈 비비기, 보디슬램, 펀치 쥐어뜯기, 해머 던지기, 태클 등 온갖 기술을 동원해 상대를 공격해야 한다.

프로레슬링에서 살아남으려면 자기만의 특화된 기술을 터득하는 것이 중요하다. 프로레슬링은 스포츠 중 유일하게 반칙이 합법화된 경기인데 단순한 반칙을 넘어선 반칙의 '기술'이 프로레슬링의 묘미이기도 하다.

김일과 달리 다른 선수들은 대부분 스모, 유도, 레슬링 선수 출신으로 어릴 때부터 다양한 격투기에서 잔뼈가 굵은 이들이었다. 그러므로 김일로서는 더욱 특별한 기술이 없는 한 그들을 이기기란 쉽지 않았다.

그래서 역도산은 김일을 더욱 혹독하게 단련하고 투지를 키웠다. 그러나 아무리 강한 투지도 강한 기술 앞에서는 소용없었다. 그래서 김일은 더 절실했다.

'나만의 결정적이고도 압도적인 기술, 즉 필살기와 불굴의 투지가 어울려야 승자로 우뚝 설 수 있다. 투지만으로는 아무것도 이룰 수 없다.'

역도산의 필살기는 가라테 춉이다. 역도산은 평양 출신의 가라테 사범 나카무라 히데오로부터 가라테를 전수했다. 손을 단련시키기 위해 돌, 벽돌, 나무 같은 단단한 물체에 같은 부위를 계속 내리치는 훈련을 반복했다. 수천, 수만 번 때리고 또 때리며 단련했다. 굳은살이 박인 그의 손날은 쇳덩어리보다 강하고 바람보다 빨랐다.

1951년께 역도산은 자신이 터득한 공격술을 '가라테 춉'으로 불렀다. 춉(chop)은 '도끼로 나무를 팬다'는 뜻인데 '개척해 나아간다'는 뜻도 있다. 가라테 춉은 역도산의 트레이드 마크였다. 아무리 절망적인 순간에도 역도산의 강력한 가라테 춉은 순식간에 경기 흐름을 뒤집었다. 덩치가 산만 한 서양 선수들도 가라테 춉 한 방에 맥없이 주저앉았다.

김일도 일찍이 그런 결정적인 기술이 필요하다는 걸 절감했다. 김일이 자신만의 필살기를 궁리하느라 넋이 나가 있는데 스승이 부르더니 대뜸 일렀다.

"박치기를 익혀라."

"예? 박치기요?"

"그래, 박치기. 남들 다 하는 기술로는 일본에서 출세하지 못한다. 평양 박치기 알지? 조선 사람은 박치기다. 그게 네가 사는 길이다."

김일은 그 말을 듣는 순간 솔깃했다.

박치기라면 확실하게 특기가 될 것 같았다. 손발이 다 묶였을 때 쓸 수 있는 마지막 병기는 바로 머리다. 그걸로 상대의 이마를 들이받으면 판을 뒤집는 것은 당연지사. 얼굴을 가격해도 되고 키가 작으면 상대의 가슴을 들이받아도 된다.

'그런데 머리도 단련하면 단단해질까? 손이나 발이라면 몰라도 머리를 어떻게 단련한단 말인가? 훈련하다가 머리가 깨지기라도 하면 낭패 아닌가?'

이런 의심이 드는데 스승의 다음 말이 떨어졌다.

"네 머리를 돌덩이로 만들어라."

김일은 귀를 의심했다.

박치기, 인간의 한계를 넘어선 훈련

목숨을 건 기술

김일은 머리를 돌덩이로 만들라는 스승의 특명을 받는 순간 아찔했다.

'큰일 났구나! 머리를 돌로 만들라니!'

역도산은 뭐든지 길게 말하는 법이 없었다. 한 번 말하면 그걸로 끝이었다. 번복은 없으니 무조건 따라야 했다. 그 한마디는 그냥 쉽게 나온 것이 아니라는 걸 김일은 누구보다 잘 알았다. 거역은 있을 수 없었다.

그런데 머리를 이떻게 돌덩이로 만든다는 말인가? 손발은 굳은살이 박여 돌덩이처럼 될 수 있지만, 이마도 가능하겠는가? 처음에는 스승이 농담하는 줄 알았다. 박치기는 굉장히 위험한 기술이어서 잘못하면 뇌진탕으로 죽을 수도 있었다. 프로레슬러는 후유증을 우려해 다들 회피하는 기술이다.

김일은 '울프의 법칙'을 들은 적이 있었다. 독일의 외과의사가 만든 이론으로, 사람이나 동물의 뼈도 변형될 수 있다는 것이다. 뼈에 계속해서 충격을 주면 뼈가 이에 적응하기 위해 더욱 단단하고 강해진다는 이론이다.

그 의사의 말대로라면 머리도 단단해지겠지만 그가 말한 뼈가 머리뼈는 아니었다. 머리는 뇌를 보호하는 장치다. 뇌는 두부처럼 연약해서 충격을 가하면 망가질 수밖에 없다. 실제로 얼굴을 많이 가격당한 복싱 선수들은 뇌 손상으로 심각한 후유증에 시달린다. 20세기 가장 위대한 복서라는 알리도 가격에 의한 뇌 손상으로 오랫동안 알츠하이머를 앓았다.

그런데 머리로 머리를 때리는 박치기를 연마하라니, '이건 그야말로 자살행위'라고 김일은 생각했다.

박치기라는 말에 순간적으로 혹했던 마음과 달리, 김일은 슬슬 걱정이 앞섰다. 무모한 짓이라는 생각이 들었다. 상대를 한 방에 보낼 수 있는 치명적인 전투 무기가 될 수 있겠지만, 그것을 사용하는 당사자에게도 똑같은 치명타를 안길 것이기 때문이다. 그러나 역도산은 확고했다. 그것만이 살길이라고 했다. 스승이 한 번 박치기를 입 밖으로 낸 이상 그것은 김일만의 필살기가 되어야 했다.

김일은 오만 잡생각을 접고 일단 실행하기로 했다. 일본 사람들도 박치기하면 조선을 떠올렸다. 그들은 박치기를 '초펀(조선 펀치)'이라고도 했다. 민족의 자존심을 지키는 측면에서도 유용하고 상품성도 대단할 것 같기는 했다. 하다가 정 안 되면 그만두면 되는 것 아닌가.

'그나저나 어떻게 머리를 단련시키지?'

아무도 가보지 않은 길이어서 따라 할 본보기도 없었다. 박치기 훈련이라는 숙제만 받아들고 정작 참고서가 전혀 없으니 막연했다. 우선은 손발 단련 방법을 그대로 적용하는 수밖에 달리 방법이 없었다.

그 후 김일의 머리는 단 하루도 성할 날이 없었다. 박은 자리는 금세 퉁퉁 부어올랐다. 부었는데 또 박으니 찢어졌다. 살이 찢기는 아픔은 아무것도 아니었다. 골이 흔들려 서 있기조차 힘들었다. 김일은 점점 박치기 훈련에 싫증이 났다. 그러나 조금이라도 나태하면 용케도 역도산이 알고 와서 다짜고짜 망치 같은 주먹으로 김일의 머리를 냅다 갈겼다.

피눈물나는 이마 단련 특훈

당시 프로레슬링에서 박치기 기술을 구사하는 선수는 세계적으로도 손꼽힐 만큼 드물었다. 브라질 출신의 두 선수가 박치기로 유명했다. 1957년 역도산과의 경기에서 박치기를 선보인 로드 레이튼은 키가 2미터에 이르는 장신의 거구였다. 긴 머리칼을 뒤로 곱게 빗어넘긴 그는 덩치에 어울리지 않게 박치기를 했다. 보보 역시 박치기로 유명했다. 이들 브라질 선수는 화려한 방식보다 상대의 머리를 감싸고 들이받는 단순한 방식의 박치기를 구사했다.

함경도가 고향인 역도산은 '평양 박치기'나 '함경도 박치기'를 잘 알고 있었다. 체격이 작은 한국인 선수가 거구의 서양인 선수들을 무너뜨릴 수 있는 가장 효과적인 기술이 박치기였다. 전설의 싸움꾼 스라소니를 일컬어 '평양 박치기'라 했을 정도다.

훗날 많은 이들이 김일에게 묻곤 했다.

"박치기 하면 아프지 않습니까?"

그럴 때면 김일은 허허 웃고 말았지만 아무리 강하게 단련했다 한들 어찌 아프지 않겠는가. 자기 머리가 돌이라면 상대방 머리도 돌인데. 좀 더 강하고 덜 강한 차이가 있을 뿐.

머리를 돌덩이처럼 단련하는 일은 길고도 험한 과정이 필요했다. 이번 단련도 스승의 매에서 시작됐다. 김일에게 역도산의 매질은 이력이 나서 일상이다시피 했다. 정식으로 운동을 시작한 이후 스승은 어디서든 김일만 보면 때렸다.

그나마 그전까지는 몸을 때렸다. 몸은 매를 맞아도 맷집이 생기면 그만이었다. 그러나 박치기를 연마하면서부터 스승의 공격 부위가 이마로 집중되었다. 역도산이 부르면 그는 자동으로 달려가 머리를 갖다댔고, 역도산은 내리찍듯이 세게 쳤다.

가라테 춉으로 단련된 역도산의 손은 돌덩이나 다름없었다. 그는 '어디 얼마나 단단해졌나' 하면서 골프채 같은 것으로도 김일의 머리를 툭툭 쳤다. '텅' 하는 맑은소리가 나면 단련이 덜 된 것이고, '툭' 하고 묵직한 소리가 나면 단련이 된 것이라 했다. 훗날 한국에서 '김일 체육관'을 운영하며 제자들에게 박치기를 전수했을 때 제자들 상당수는 그 훈련을 견디지 못해 중도에 포기했을 정도로 박치기 훈련은 혹독했다. 이마 단련 훈련은 그야말로 피눈물 흘릴 만큼 혹독했다. 처음은 샌드백이었다. 샌드백을 박으니 이마가 찢어져서 매일 피범벅이었다. 다음은 나무기둥이었다. 그다음은 나무기둥에 새끼줄을 감아놓고 박았다. 하루에도 수백 번씩 박고 또 박았다. 박은 자리가 부었다가 찢어지고 그 위에 딱지가 앉으면서 굳은살로 바뀌었다.

도장의 선참들은 그러다 죽는다며 걱정했다. '스승이 긴타로를 죽이려 한다'는 말까지 할 정도였다. 김일 자신도 어떨 땐 '머리를 들이받다가 죽었으면 좋겠다'는 생각까지 들었다. 그러나 훈련을 안 하면 당장 스승의 불호령과 몽둥이가 떨어졌다. 훈련에 들어가면 골 전체가 아파 죽을 지경이었지만, 묘하게도 훈련이 끝나면 괜찮아졌다.

나무기둥이 수십 개 부러져 나갔다. 다음엔 쇠판을 가져다 놓고 훈련했다. 사람의 연약한 머리와 쇠기둥이 맞부딪히면 사람의 머리가 깨지는 건 당연했다. 그러던 어느 날 이변이 일어났다. 낙숫물이 바위를 뚫는다더니 수천, 수만 번 박치기를 당한 쇠기둥이 움푹 파인 것이다.

'오오, 머리도 단련이 되는구나!'

살이 찢겨 드러난 머리뼈

김일의 이마는 늘 만신창이였다. 파이고 찢기고 뻘건 피가 흘러내렸다. 매일 흘리는데도 다음 날이면 또 그 이상의 피가 쏟아졌다.

어느 날 기어코 사달이 났다. 이마가 심하게 찢어져 뼈가 드러났다. 김일은 안 되겠다 싶어 병원으로 갔다. 의사가 어쩌다 이렇게 되었냐고 물었지만 달리 할 말이 없어 그저 치료만 부탁했다. 의사에게 박치기 훈련하다 그랬다고 말해봤자 이상하게 볼 게 뻔했다. 이마를 꿰매고 붕대를 감았다. 그리고 훈련을 좀 쉬었다. 그런데 그 모습을 스승이 보고 말았다.

"긴타로, 그게 뭐지?"

"뼈가 드러날 정도로 찢어져서 병원에 가서 꿰맸습니다."

"누가 병원에 가라고 했어! 당장 붕대 풀어."

김일은 어이가 없었지만, 스승의 말을 거역할 수 없었다. 하는 수없이 붕대를 풀자마자 역도산의 돌덩이 같은 주먹이 상처 부위를 정확하게 가격했다. 그 바람에 병원에서 간신히 꿰맨 살점이 다시 떨어져 나갔다. 다시 피가 흘렀지만 손으로 쓱 문지르는 것밖에 할 수 있는 게 없었다.

믿을 수 없는 변화

내버려두면 저절로 낫는다

며칠 지나자 상처 부위에 고름이 찼다. 상처가 덧나면서 이마가 썩어가는 것만 같았지만 그렇다고 정말로 썩지는 않았다. 더덕더덕했지만 며칠 지나면서 기어코 새 살이 돋아났다. 스승이 타일렀다.

"사람 몸은 그렇게 약하지 않아. 내버려두면 새 살이 붙게 되어 있어. 그래야 더 단단해지고 굳은살이 박이는 거야."

김일은 스승의 자연 치유 이론이 말도 안 된다고 생각했다.

'적용할 데가 따로 있지 머리는 아닐 텐데…'

김일은 너무나도 서럽고 억울했다. 그런데 신기하게도 어느 순간 잊어버리고 있으면 이마의 상처는 또 낫고 굳은살이 박였다. 전보다 훨씬 이마가 단단해졌다는 걸 느낌으로도 알 수 있었다.

김일은 자신의 이마에서 일어나는 현상이 신기하면서도 한편으로는 그게 더 기분 나빴다. 차라리 증상이 더 심해지기라도 하면 스승의 말이 틀린 것이니 대놓고 병원이라도 가겠는데, 과연 스승의 말대로 상처는 점점 낫고 이마는 단단해지는 게 아닌가! 미칠 노릇이었다.

하지만 문제는 표면의 살이 아니라 안쪽이었다. 안으로 골병이 드는 건 어쩔 수 없었다. 언제부턴가 밤잠을 이룰 수 없었다. 머리가 너무 아팠다. 늘 멍하고 머릿속에선 '윙' 하는 기계음이 들렸다. 목이 돌려지지도 않아 누가 부르면 몸 전체를 그대로 돌려야 했다.

"머리는 단련되는 게 아니에요"

김일은 '이번엔 이러다 정말 죽지' 싶어서 스승 몰래 다시 병원으로 향했다. 의사가 물었다.

"아니, 도대체 뭘 하기에 이 모양입니까?"

"제가 사실은 프로레슬링 선수인데 박치기 훈련을 하고 있습니다."

"박치기 훈련이요? 그게 어떻게 하는 겁니까?"

김일은 그동안의 훈련 과정을 털어놓았다. 하루에도 수백 번씩 샌드백을 머리로 박고 새끼줄 감은 나무기둥과 쇠기둥을 들이받았다고 했다. 김일의 이야기에 의사는 어안이 벙벙해 믿을 수 없다는 표정을 짓더니 한심하다는 눈초리로 경고했다.

"그러다 죽습니다. 다행히 죽지는 않더라도 불구를 면할 수 없습니다. 당장 그만두세요. 머리는 단련한다고 해서 단련되는 게 아닙니다. 뇌를 보호하기 위한 보호막인데 그걸 그렇게 험하게 씁니까? 이마의 상처는 나을 수 있지만, 뇌가 잘못되면 고칠 수도 없어요."

의사는 무척 흥분했다. '아무리 경기에서 이기고 싶어도 죽을 짓을 하면서까지 이기면 뭐하냐'며 당장 그만둘 것을 신신당부했다.

"아프죠? 많이 아플 겁니다. 목뼈에 금이 갔으니까요. 보통 사람 같았으면 이렇게 왔다 갔다 할 수도 없을 겁니다. 당장 박치기 훈련을 그만두세요."

의사의 말이 비수처럼 꽂혔다. 죽거나 불구가 된다는 말에 김일은 아무래도 이 훈련을 접어야 하겠다고 생각했다. 스승 역도산이 또 불호령을 내리겠지만 불구가 되는 것보단 낫지 않겠는가.

뼈는 다시 붙게 되어 있다

의사는 김일에게 목 깁스를 해야 한다고 했으나 김일은 그것만은 거절했다. 몰래 병원에 간 것인데 붕대도 아니고 목 깁스까지 하고 나타나면 어떤 일이 벌어질지 뻔했다.

그래도 다음 날부터 훈련은 중단했다. 아니, 하고 싶어도 할 수가 없었다. 머릿속은 띵하고 목은 가눌 수조차 없었다. 스승의 불호령이 걱정되었지만, 이번만큼은 의사의 조언을 당당히 이야기할 참이었다.

아니나 다를까 스승이 그를 불러 버럭 화를 냈다.

"긴타로, 왜 이마를 단련하지 않는 거야?"

"목뼈에 금이 갔습니다. 이렇게 계속 운동하다간 불구가 되거나 죽는다고 했습니다."

"누가 그래?"

"의사가 그랬습니다."

김일은 의사가 그랬다고 하면 천하의 역도산도 수그러들 줄 알았다. 하지만 아니었다. 먼젓번보다 더 화를 내면서 큰소리를 치는 것이었다.

"뭐야? 목뼈가 부러진 것도 아니고 금 좀 간 걸 가지고 훈련을 멈춘다고? 당장 훈련 시작해."

설마 했지만, 스승은 완고했다. 김일은 스승이 피도 눈물도 없는 사람이라는 생각이 들었다. 제자가 죽든 말든 상관하지 않는다는 것 아닌가!

더 말해봤자 소용없는 일이었다. 스승 앞에서는 차마 더 말을 보태지 못하고 그대로 물러났다. 그러나 훈련에는 들어가지 않았다. 처음으로 스승의 명을 거역했다. 역도산의 문하생이 된 후 처음 있는 일이다. 동료들도 편을 들어주었다.

"긴타로, 살려면 훈련하지 마라. 겉으로는 그래도 스승님도 이해할 거다."

그러나 김일은 알았다. 스승이 절대 용납하지 않으리란 걸.

다음 날, 스승이 다시 그를 불렀다. 뭐라고 하면 대들기라도 할 참이었는데 아무 말도 없었다. 그런데 관장실로 들어서는 김일의 머리를 불시에 가라테 춉으로 샤바했나.

"으악!"

김일은 비명을 지르며 거의 정신을 잃고 의자에 털썩 주저앉았다. 순간 욕이 나올 정도였다. 정신을 못 차리는 김일을 보며 역도산은 분노에 찬 목소리로 훈계했다.

"왜 훈련을 안 했나? 아프다고 하지만 넌 지금 움직이고 있잖아. 목뼈가 부러진 게 아니라 금이 좀 간 거야. 그건 때가 되면 저절로 붙어. 그것이 인체다. 지금 쉬면 넌 아무것도 안 돼. 더 세게 해. 그래야 진짜 돌덩이가 되고 이 험한 정글에서 살아남을 수 있다."

사실 역도산 자신도 목뼈에 금이 간 적이 있었다. 보디슬램에 당해 떨어지면서 였다. 그 자신이 누구 못지않게 험한 훈련을 견뎌냈다. 그렇기에 김일이 얼마나 고통스러울지를 누구보다 잘 알았다. 김일의 상태를 보고 충분히 할 수 있다고 판단하고 밀어붙인 건데, 그가 보기에 몸 사리며 나약한 모습을 보이니 화가 난 것이다.

머리는 터질 것 같고 정신이 멍한 상태에서도 김일은 스승의 마지막 말을 놓치지 않았다.

'지금 쉬면 아무것도 안 된다. 진짜 돌덩이가 되어야 살아남을 수 있다.'

역도산은 김일이 박치기만 잘 단련하면 세계 챔피언도 될 수 있다고 봤다. 그런데 의사 말을 믿고 게으름을 피우니 더 거세게 몰아붙였다. 제자를 동정하는 대신, 그를 머지않아 세계 프로레슬링을 석권할 재목으로 만들고자 했다. 그래서 더욱 혹독하게 담금질했다. 의사는 의학적으로 최악의 경우를 예상할 뿐이고, 프로레슬러는 최악의 경우를 몸으로 돌파해야 한다는 것이 역도산의 지론이었다.

"죽기를 각오해야 아주 작은 승리라도 꿰찰 수 있는 법이다."

죽기 아니면 까무러치기

피할 수 없다면 부딪치는 게 그나마 최고의 전략. 김일은 스승을 믿기로 했다. 그리고 죽기 아니면 까무러치기란 심정으로 다시 이마를 단련시켰다. 진짜 죽기를 각오했지만, 그동안의 훈련을 통해 죽지 않으리라는 사실도 깨달은 터였다.

처음에는 이러다 죽을 것 같더니, 시간이 지나며 이상하게 통증이 가셨다. 뼈가 다시 붙는 것을 느꼈다.

죽기 살기로 하자고 마음먹었더니 의외로 덜 아픈 것 같았다. 어느 날부터는 아파서 죽을 것 같다는 느낌이 사라졌다. 머리를 박을 때마다 여전히 아프긴 했지만, 전처럼 못 견딜 정도는 아니었다.

'스승의 말대로 머리가 돌이 되어가는 건가?'

부러지고 찢어져도 때가 되면 낫는다더니 과연 허풍만은 아닌 듯싶었다.

김일은 누가 보지 않을 땐 스스로 벽돌담에 머리를 찧어보기도 했다. 희한하게도 통증이 별로 심하지 않았다. 이마 훈련을 시작할 때 모진 쓰라림을 안겼던 새끼줄 감은 나무 기둥에도 박아 보았다. 어라? 제법 견딜 만했다.

심지어 어느 날에는 역도산의 가라테 춥도 위협적이지 않게 느꼈다. 오히려 자신은 괜찮은데 스승이 오히려 손을 빨리 거두는 느낌이었다.

'내 이마가 스승님의 저 바윗덩이 주먹도 이길 수 있단 말인가?'

믿을 수 없는 일들이 하나하나 현실이 되었다. 김일은 비로소 확신이 들기 시작했다. '됐다. 한고비 넘겼다.'

무적의 박치기왕

인간 핵탄두

김일의 이마는 점차 돌덩이보다 더 단단해졌다. 어머니를 닮아 반듯하고 깨끗했던 이마에는 찢긴 자국과 푹 파인 흉터가 가득했다. 목도 무거운 추를 달아 놓은 듯 앞으로 기울어졌다.

상대의 전의를 상실시키는 김일의 원폭 박치기

| 3장 | 고난과 입신의 첫 라운드

머리가 아무리 단단한 물체와 부딪혀도 아프지 않게 되었다. 찢어지고 부러지고 다시 아물기를 반복하면서 김일의 몸과 이마는 점차 '인간 핵탄두'로 변해갔다. 그 핵탄두는 박치기로 가공돼 '원폭 박치기'의 탄생을 예고했다.

1959년 초부터 김일은 일본 전역에서 박치기를 본격적으로 선보였다. 역도산의 가라테 춉 한 방에 덩치 큰 서양 선수들이 나자빠지는 광경에 환호하던 일본인들이었다. 그 뒤를 이어 김일이 박치기 한 방으로 덩치 큰 선수들을 자빠뜨리자 일본인들은 새롭게 흥분하기 시작했다. 일본 언론은 김일의 박치기로 도배되다시피 했다. 기자들은 경기가 끝나면 몰려와 질문을 퍼부었다.

"오오키 긴타로는 머리가 아프지 않습니까?"

"그 박치기 기술을 누구에게서 배웠습니까?"

"훈련 과정은 어땠습니까?"

스타 탄생

김일은 특히 덩치 큰 서양 선수들을 만나면 가혹할 만큼 박치기를 해댔다. 로프 반동으로 돌아온 선수의 배에 박치기를 가하면 가격당한 선수는 그대로 뻣뻣하게 링 위에 쓰러졌다. 이에 누르기 한판으로 승리를 따냈다.

또 공중에서 붕 뜬 후 떨어지면서 정수리를 가격했다. 이런 박치기에 한 방 맞으면 상대는 몸을 가누지 못해 이리저리 비틀거리다가 매트에 쿵 하고 쓰러졌다. 관중은 십 년 묵은 체증이 뚫린 것처럼 환호했다. 언제부턴가 경기를 중계하는 텔레비전 화면에 경고 문구가 뜨기 시작했다.

'위험하니 어린이들은 흉내 내면 안 됩니다.'

일본 전역에 박치기 열풍이 불자 어린이들까지 그를 흉내 내면서 나타난 현상이다. 김일은 스승 역도산에 버금가는 스타가 되었다. '자고 일어나니 유명해졌다'는 말을 실감했다. 숙소에는 날마다 일본 전국 각지에서 김일에게 보내온 팬레터와 선물이 수북이 쌓였다.

여성 팬도 많이 생겼다. 경기를 끝낸 후 숙소로 들어오면 여성 팬들이 장사진을 쳤다. 그를 한 번 보기 위해 가출까지 감행한 팬이 있는가 하면, 김일에게 청혼했다가 거절당하고는 승려가 된 팬도 있었다. 김일은 원조 한류 스타였다.

하도 여성 팬이 많다 보니 '오오키 긴타로는 여자관계가 복잡하다'는 소문이 돌 정도였다. 팬들의 접근을 거절하지 않고 악수라도 하거나 차라도 한 잔 마시면 소문이 확대되거나 와전되기 일쑤였다.

훗날 김일은 당시를 이렇게 회상했다.

"혈혈단신 일본으로 건너가 스타 대접을 받았다. 그것은 팬들이 있었기에 가능하지 않았겠는가. 그런데 어떻게 그들을 모른 척할 수 있겠는가. 일본에서 조선인은 멸시와 괄시를 받는데 조선인인 내가 일본인의 스타가 됐다. 나는 그들의 영웅이 되고 싶었다."

아, 아버지

아버지의 부음

온갖 고초를 겪고 스타가 되었을 즈음 김일은 슬픈 소식을 접했다. 아버지가 돌아가셨다는 것이다.

세계적인 선수로 발돋움할 기회가 걸린 일생일대의 중요한 경기를 앞두고 있을 때였다. 그래서 스승도 '이번 경기만큼은 꼭 이겨야 한다'며 훈련을 독려하고 김일 자신도 사활을 걸고 훈련에 매진하고 있었다.

어느 날 도장의 서무가 한국에서 누가 찾아왔다고 전했다. 휴게실로 가서 보니 낯익은 고향 어른이 와 있었다. 그가 무겁게 입을 열었다.

"자네 아버님이 돌아가셨네."

김일은 청천벽력 같은 소식에 말을 잃었다.

'그토록 강건하던 분이…'

마음 같아서는 당장 한국으로 달려가고 싶었으나, 당시 한·일 양국은 미수교 상태여서 오가기가 쉽지 않았다. 한번 한국으로 건너가면 (밀항이 아니고서는) 다시 일본으로 돌아오기는 어려울 터였다.

아버지의 부음을 듣고도 가지 못하는 처지가 못내 서러웠지만, 달리 뾰족한 수가 없던 김일은 간단하게나마 제수를 차려놓고는 고국 땅에 누워계신 아버지를 향해 큰절을 올렸다. 눈물이 왈칵 쏟아졌다. 목 놓아 아버지를 부르며 통곡했다.

"아버지, 이 못난 자식을 용서하십시오."

임종은 커녕 장례도 치르지 못한 불효자

김일은 며칠 동안 어깨가 축 처진 채 멍했다. 평소 파이팅이 넘치던 그가 중요한 경기를 앞두고 의기소침해 있자 동료들이 걱정했다.

"긴타로, 왜 그래? 무슨 일 있어?"

김일은 아무 대답도 하지 못했다. 급기야 김일은 사고를 쳤다. 경기를 이틀 앞두고 도장을 빠져나와 증발한 것이다. 도장에서는 그를 찾느라 난리가 났다. 그는 홀로 도쿄 인근의 항구로 갔다. 마음이 울적하고 힘들 때마다 찾아가 고향 쪽을 보며 남몰래 눈물을 훔치던 곳이었다. 그 바다를 봐야만 속이 풀릴 것 같았다.

'이번 경기를 포기할까?'

그러나 그는 고개를 저었다. 이틀간 잠적한 그는 경기 당일에 곧바로 경기장으로 갔다. 그런 김일의 모습을 처음 본 스승은 하도 황당해서 화도 내지 못했다.

김일은 납덩이가 가슴을 짓누르는 듯한 기분으로 링에 올랐다. 상대가 공격하자 고목이 쓰러지듯 휘청하며 누웠다. 상대가 때리면 맞고 던지면 던져졌다. 링 밖에서 동료들이 외치는 소리가 희미하게 들렸다.

| 3장 | 고난과 입신의 첫 라운드

"긴타로, 왜 그래? 정신 차려!"

전의를 상실하고 매트 위에 드러누운 그를 상대는 육중한 몸으로 덮쳤다. 심판의 카운트 소리에 그는 본능적으로 몸을 밀쳤다. 상대 선수가 헤드록을 걸면서 공격하자 김일의 비명이 경기장을 뒤덮었다.

'난 아버지 장례도 치르지 못한 불효자식이다.'

그는 그렇게라도 실컷 얻어맞아 불효한 죄를 씻고 싶었다. 그가 방어도 하지 않고 일방적으로 당하기만 하자 상대도 이상했는지 자신을 가리키며 공격해보라는 제스처를 취했다. 바로 그 순간이었다. 그는 자신의 온몸을 역류하는 강렬한 뭔가를 느꼈다.

'이겨야겠다!'

그 순간 그는 순식간에 코뿔소처럼 돌진했다. 상대를 로프로 밀친 후 반동으로 튕겨 나오자 상대의 배에 박치기를 가했다. 급소를 맞아 고통에 찬 신음을 내뱉는 상대를 보디슬램으로 매트가 부서지도록 내리꽂았다. 순간 관중석은 열광의 도가니로 들끓었다. 박치기 한 방으로 극적인 역전승. 심판이 김일의 손을 번쩍 들었다.

●
●

성공해야 할 이유

김일은 관중에게 꾸벅 인사만 하고는 링에서 내려왔다. 전혀 기쁘지 않았다. 역도산이 비로소 라커룸으로 들어와 호통을 쳤다.

"너 뭐하는 녀석이야!"

그러나 그는 아무런 대꾸도 하지 않았다. 그저 머리를 숙이고 사과만 했다.

"다음부터 절대 그런 일 없도록 하겠습니다."

평소 같았으면 주먹이 날아왔을 텐데, 역도산은 그에게 무슨 일이 생긴 것이라 직감했는지 목소리를 낮춰 물었다.

"무슨 일이 있느냐?"

김일은 머뭇머뭇하다 대답했다.

"아버지가 돌아가셨습니다."

그 말을 스승에게 하는 순간 갑자기 눈물이 왈칵 솟았다.

"그런 일이 있었으면 진작 얘기하지, 이제 말해?"

자신을 위로해주고 싶어 하는 스승의 표정을 김일은 안 봐도 알 수 있었다.

아버지의 죽음을 계기로 김일은 자신의 삶을 돌아보았다.

'나는 왜 타국에서 죽을 고생을 하면서 프로레슬링을 하는가? 도대체 나의 미래는 어찌 되는 걸까?'

일본으로 건너오면서 잃어버린 듯한 자신이라는 존재에 대해 생각했다. 프로레슬링을 그만두는 자신을 상상해보기도 했지만, 결론은 하나였다.

'내가 할 수 있는 건 프로레슬링 외에는 없다! 나는 프로레슬러로 크게 성공하고 싶다. 챔피언에 오르는 것이 불효한 죄를 조금이나마 씻는 길이다!'

이윽고 김일은 예전의 활기찬 모습으로 돌아왔다. 스승은 그의 어깨만 툭 쳐줄 뿐 별말을 하지 않았다. 이심전심이었다.

텅 빈 도장에 남아 구슬땀을 흘리는 훈련의 나날이 이어졌다.

| 4장 |

영광의 나날

김일은 경기마다 연전연승을 하며
한창 이름을 날렸다.
김일의 원폭 박치기 앞에서는 일본인 선수는 물론이고
덩치 큰 서양 선수들도 뻥뻥 나가떨어졌다.
그가 마지막 결정타로 왼발을 들면 다들 머리부터
감싸며 꽁무니를 뺐다.
관중들이 "김일, 박치기!"를 연호하면 김일은 격하게
피어오르는 짜릿한 기분을 온몸으로 느끼며
젖 먹던 힘까지 쏟아부었다.

역도산 왕국의 후계자들

전후 일본 스포츠계의 큰별

김일의 스승 역도산은 일본에 프로레슬링 열풍을 일으킨 전설의 프로레슬러이자 흥행의 귀재였다.

본명은 김신락. 1924년 함경남도 홍원권 용원면 신풍리에서 태어났다. 형과 함께 형제 씨름꾼으로 널리 알려진 장사였다. 역도산의 씨름을 본 일본인 프로모터가 그를 일본으로 데려가 모모타 가문에 입적했다. 역도산은 모모타 미쓰히로(百田光浩)란 이름으로 스모계에 입문했다. 1940년, 그의 나이 16세였다.

그는 스모 선수로 활동하다 그만둔 후 닛타의 건설회사에 들어갔다. 그곳에서 경호원 일을 하다 우연히 일본계 미국인 프로레슬러 헤롤드 사카타를 만났다. 시비가 붙어 몸싸움을 벌였지만, 사카타는 역도산의 기개에 감탄해 프로레슬링을 권유했다. 이후 역도산은 하와이로 건너가 프로레슬러로 뛰었고 미국 본토로 넘어가면서 몸도 근육질로 만들었다.

역도산은 프로레슬링 선수로 뛰는 한편 프로모터 자격도 취득했다. 그리고 일본에 프로레슬링 붐을 일으키고자 준비한 후, 1953년 일본프로레슬링협회

(NWA)를 창설, 흥행몰이에 들어갔다. 덩치 큰 미국 선수들과 싸우다 '가라테 춉'을 날려 역전승하는 역도산의 전략적인 경기는 전후 열패감에 젖어 있던 일본 국민에게 통쾌한 카타르시스를 선사했다.

일본에 프로레슬링 붐이 일어 경기장은 늘 만원이었고, 때마침 시작된 TV 방송 시대와 맞물려 대중화하면서 역도산은 일약 국민 영웅으로 떠올랐다. 일본인 사이에서 '일왕이나 총리 이름은 몰라도 역도산은 안다'는 말이 돌 정도로 인기가 높아 엄청난 영향력을 바탕으로 정·관계에까지 영역을 넓혔다.

역도산은 자신이 조선인 출신임을 굳이 밝히지 않고 살았다. 스모 선수 시절 동료들은 역도산의 출신을 알고 '김'이라고 부르기도 했지만, 그는 일본인 가문에 입적된 일본인 신분이었다. 일본인들은 그가 당연히 일본인일 것으로 여기고 그렇게 믿었다.

역도산의 후계자 양성 전략

역도산은 프로레슬링 흥행몰이를 하는 한편 '포스트 역도산'을 위한 후계자 양성에도 몰두했다. 그렇게 탄생한 신예 스타가 김일, 자이언트 바바, 안토니오 이노키였다. 이들 3인방은 같은 스승에게 수학한 뛰어난 인재를 일컫는 일본식 관용어구로 '세 마리 까마귀'라 불렸다.

무작정 밀항해 자신의 제자가 되겠다는 편지를 보낸 김일의 사연은 역도산의 눈에 띄었다. 비서 요시무라를 시켜 김일을 보고 오라고 했더니, 수용소에서 김일을 면회한 요시무라는 '가능성이 큰 재목'이라고 보고했다. 역도산은 '김일이 쓸 만한지는 두고 보더라도 일단 데려오자'고 마음먹었다. 그래서 자신의 정관계 인맥을 활용해 김일을 수용소에서 꺼내왔다.

김일의 무모함과 간절함을 읽어낸 역도산은 처음 본 순간 가능성을 보았다. 그러나 김일은 일본에서 선수로 활동하기에는 불리한 점이 많았다. 한국인인 데다 이미 서른에 가까워 나이도 너무 많았으며, 인상도 너무 순해 보였다. 역도산은 이런 김일을 레슬러로 만들기 위해서는 악과 깡을 키워줘야겠다고 생각했다. 다른 일본 선수들보다 더 혹독하게 다그친 것도 다 그런 이유에서였다.

역도산의 매질은 김일을 챔피언으로 키우기 위한 처절한 담금질이었다. 그의 안목대로 김일은 빠르게 챔피언으로 성장했다.

브라질에서 건너온 안토니오 이노키

김일은 1958년 이후 30여 년 동안 프로레슬러로 활약했다. 데뷔 초 박치기 기술로 급부상하면서 역도산 사단의 손꼽히는 신흥 스타가 되었다.

김일은 선수 활동을 하면서 역도산 사단에서 여러 선수들을 만났다. 1960년대에서 1980년대에 일본을 넘어 세계 프로레슬링계에서 활약한 안토니오 이노키 선수도 그중 하나였다.

마른 체구에 기다란 턱의 특이한 인상을 지닌 이노키 선수를 김일은 역도산 도장에서 처음 만났다. 역도산이 1956년 제2회 월드 리그전에서 프로레슬링의 인기를 폭발시킨 후 1960년 초 브라질로 원정경기를 떠났을 때, 일본 출신의 브라질 이민자인 이노키 선수를 발견하고는 스카우트해 데리고 왔다. 브라질에 이민

간 일본인들 사이에서도 당시 역도산의 인기가 하늘을 찌를 때였다.

이노키 선수와 김일은 같은 방을 쓰면서 친해졌다. 그 후 긴 세월 동안 사각의 링 위에서 울고 웃으며 애증의 관계이자 특별한 인연이 되었다.

김일은 자기보다 열네 살이나 어린 그가 밥 짓고 빨래하는 것을 돕기도 했는데 '주걱턱'이라는 애칭으로 부르곤 했다. 이노키도 김일을 친형처럼 따랐다. 둘은 함께 영화 구경도 자주 다녔다. 김일은 그에게 격려의 말을 해주곤 했다.

"난 한국에서 왔고 넌 브라질에서 왔다. 둘 다 멀리서 일본 땅에 왔으니 반드시 세계 챔피언이 되자."

이노키 선수도 입만 열면 이에 맞장구를 치며 각오를 다졌다.

"선배! 반드시 세계 레슬링계를 석권하겠습니다."

김일은 농담 반 진담 반으로 웃으며 말했다.

"너와 나는 훗날 라이벌이 되겠네."

실제로 훗날 김일은 각종 타이틀을 놓고 이노키 선수와 여러 번 혈전을 벌였다. 그중 첫 경기가 1960년 9월 말에 있었다.

김일이 이노키와 숙명의 첫 경기를 펼친 1960년은 전후 일본 사회의 얽히고설킨 문제들이 과포화 상태에 이른 해였다. 5월에는 정치·경제·군사적으로 미국에 대한 일본의 종속을 강화하는 미일 안보 조약을 반대하는 학생들 시위가 극렬한 가운데 도쿄대 학생이 경찰과 충돌하다 사망한 일까지 벌어졌다. 노동계 투쟁, 사회당 당수 피살 사건 등 대형 사건들이 언론을 도배했다. 국제적으로는 로마 올림픽이 열렸다. 미국에서는 케네디가 대통령에 당선되고, 컬러TV가 보급되었다.

컬러TV의 대중화는 프로레슬링 흥행에 불을 붙였다. 역도산은 프로레슬러로

서뿐만 아니라 프로듀서로서도 재능이 탁월했다. 새로운 젊은 레슬러들을 양성해 혹독하게 훈련하고 경쟁시켜 누가 그 경쟁에서 이기고 살아남을지에 대한 대중의 흥미를 돋웠다.

당시 김일은 이른바 한창 뜨고 있는 프로레슬러로서 나름대로 일본에서 팬층도 확보하기 시작했다. 그에 비해 이노키는 아직 새파란 유망주였다. 그런 이노키의 첫 상대로 스승이 자기를 지명하자 김일은 처음엔 떨떠름했다. 이겨봐야 본전이고, 만약 패하기라도 하면 대망신이니 말이다. 더구나 형 동생으로 친하게 지낸 사이여서 경기가 다가올수록 피차 부담을 느꼈고, 경기 날짜가 확정되자 서로를 약간 경계했다. 이노키도 경기를 앞두고 말로는 "선배, 잘 부탁합니다"라고 했지만, 훈련에 더욱 매진하는 눈치였다. 김일은 김일대로, 스무 살도 안 된 이노키가 부모와 멀리 떨어져 거친 훈련을 하는 것을 보며 측은지심이 들기도 했지만, 시합에서는 인정사정 봐줄 수 없다고 스스로 다짐했다.

이노키는 레슬링 입문 6개월에 불과했지만, 투지와 스피드가 넘쳤다. 그에 비해 김일은 제법 경력이 붙어 경기 운영이 노련했다. 정공법으로 맞선 김일은 기회를 노리다 재빨리 이노키의 허점을 파고들었다. 보디슬램, 꺾기, 가라테를 정신없이 날리던 김일이 이노키의 몸을 덮치면서 7분 6초 만에 승패가 갈렸다.

프로야구 선수 출신 자이언트 바바

이날 경기에는 또 한 명의 전설적 레슬러가 데뷔전을 치렀다. 김일보다 아홉 살 아래인 자이언트 바바였다. 신장이 2m에 이르는 거구의 이 선수도 훗날 일본

프로레슬링을 들었다 놓았다 하는 대스타가 되었다.

이날 바바의 데뷔전 상대는 유도선수 출신의 다나카 요네타였다. 상대는 레슬링 경력도 좀 있는 선수였지만, 바바의 큰 키에서 내려찍는 16문 킥과 강인한 힘에 저항 한 번 제대로 하지 못하고 5분 만에 패했다. 역도산 도장 3인방 중 바바는 김일과 이노키와는 달리 데뷔전에서부터 화려하게 승리하며 등장했다.

바바는 본래 요미우리 자이언트 투수 출신으로 프로야구 선수로 대성하는 것이 꿈이었다. 그러나 목욕탕에서 넘어져 팔이 부러지면서 방출되었다. 마침 특출한 신예를 발굴하고 있던 역도산이 낙담하고 있던 그를 프로레슬링의 세계로 이끌었다. 본명은 바바 쇼헤이. 장신의 거구 이미지를 살려 '자이언트 바바'라는 닉네임이 붙여졌.

역도산은 그가 흥행 보증수표가 될 거라 믿어 의심치 않고, 자신의 대표 기술인 가라테 촙을 전수하고 공포의 16문 킥 기술도 갖추도록 했다.

김일, 자이언트 바바, 안토니오 이노키. 역도산이 키운 세 선수는 각자 전매특허 기술을 가졌고 개성이 남달랐다. 김일은 박치기, 바바는 16문 킥, 이노키는 코브라 트위스트가 필살기였다.

역도산의 매타작에 익숙해질 정도로 혹독한 담금질을 받아온 김일에게는 웬만한 훈련쯤이야 웃어넘길 정도였지만, 이노키와 바바는 그런 경험이 없어서인지 처음엔 역도산 도장의 훈련을 견디기 힘들어했다. '프로레슬링이 이렇게 힘든 운동인지 몰랐다'며, 솔직히 '그만두고 싶다'는 푸념을 늘어놓았다. 이런 그들에게 김일은 질책과 격려를 아끼지 않았다.

"이런 훈련조차 견디지 못하면 레슬링을 어떻게 하겠어? 이 고비만 넘기면 다 괜찮아질 테니 힘들 내!"

새로운 영웅, 박치기왕 김일

동서양의 박치기 대결

김일이 박치기를 주특기로 사용한 것처럼, 미국의 프로레슬러 리기 왈드도 박치기 명수였다. 그는 2m에 이르는 장신에 어깨가 딱 벌어진 거구의 흑인으로, 윤기 나는 검은 피부와 표정을 읽을 수 없는 험상궂은 얼굴, 상처투성이 이마를 가져 위압감이 대단했다. 1960년 1월 역도산과의 대결에서도 박치기로 역도산을 곤경에 빠뜨려 하마터면 타이틀을 빼앗길 뻔했다.

"긴타로, 박치기는 할 만한가?"

"예, 열심히 단련하고 있습니다. 이젠 누구에게도 지지 않을 자신이 있습니다."

"그래. 그럼 그 흑인 박치기왕과 한번 붙어봐라."

역도산은 자신과의 대결에서 만만치 않던 리기 왈드를 김일에게 던졌다. 김일로서도 마다할 이유가 없었다. 리기 왈드는 이미 세계적인 선수였으므로 그와 경기를 해서 진다 한들 창피할 것도 없고, 이기면 단숨에 세계적인 선수가 될 수 있었다. 이긴다는 보장은 없었지만, 왠지 질 것 같지 않았.

두 선수의 박치기 스타일은 달랐다. 리기 왈드의 박치기는 평범했다. 그냥 머리를 대고 박을 뿐이었다. 그에 비해 김일은 크게 와인드업한 자세에서 사마귀처럼 허리를 최대한 젖힌 후 반동을 이용해 머리로 찍어 내렸다. 김일의 이런 박치기는 이전에는 없던 방식으로, 상대에게 주는 충격이 엄청났다. 파괴력에서는 복싱으로 치면 타이슨의 핵 주먹에 비견된다.

김일과 왈드의 대결을 두고 언론에서는 '서양 해머와 동양 해머 간의 한판 대결'이라며 연일 대서특필하며 이목을 집중시켰다.

마침내 경기 날짜가 잡혔다. 김일은 새로운 박치기를 더욱 세련되게 연마했다. 이왕이면 최고로 멋지게 선보이고 싶었다. 그러면서 각오를 다졌다.

'그의 머리도 보통 단단하지 않을 것이다. 스승님도 그와의 경기에서 몸서리 쳤던 걸 보면 그의 머리는 진짜 돌 같을 수 있다. 돌끼리 부딪치면 어찌 될 것인가? 진짜 돌들이야 감각이 없으니 둘 중 하나가 깨지면 그만이겠지만 사람은 통증을 느끼기 때문에 결국은 참을성의 싸움이 될 것이다. 그래. 어떤 경우라도 아픈 척하면 안 된다. 아픈 표정은 약점을 보이는 것이고 약점을 보이면 지고 만다. 아무리 아파도 움찔하지도 말고 전혀 티를 내지 말아야 한다. 박치기의 승패는 기량의 차이가 아니라 참을성의 싸움이다. 내 골이 쪼개지는 한이 있더라도 반드시 참고 이기리라.'

아픈 표정을 보이는 것이 곧 약점이라고 생각한 그는 따로 참을성 훈련도 했다. 철판에 머리를 박으면서도 표정이 일그러지지 않는 연습을 반복한 것이다. 철판이 리기 왈드의 머리라고 생각했다. 심하게 아팠다. 당연히 철판은 사람 머리보다 훨씬 강했다. 아파서 표정이 일그러지면 웃는 연습을 했다.

'아플수록 더 웃자.'

김일이 박치기를 하고 나서 보일 표정이었다.

마침내 결전의 날, 체육관은 관중으로 만원이었고 링 주위에는 기자들이 바글바글했다. 김일은 그날따라 이마가 더 번쩍이게끔 로션을 듬뿍 발랐다. 체육관으로 들어서자 일제히 함성이 터졌다.

심호흡을 한 후 링에 올랐다. 왈드의 경기를 분석한 다음 초반에 약을 올려 힘을 뺀 후 후반에 공격한다는 작전을 세웠다. 김일은 이마를 한 번 만진 후 가볍게 손을 흔들며 반드시 이기겠노라 새삼 다짐했다.

이윽고 왈드가 링에 올랐다. 흑인 특유의 강인함이 느껴졌다. 몸에도 기름을 발랐는지 몸 전체가 번쩍거렸다. 평소보다 훨씬 크고 강해 보였다. 순간 움찔했지만, 김일은 바로 털어버렸다.

공이 울렸다. 김일이 천천히 링 중앙으로 나온 데 비해 왈드는 총알처럼 튀어나왔다. 그 역시 경기에 대한 두려움이 있는 듯했다. 그에게 김일은 성가신 존재였다. 이겨봤자 본전이고 지면 망신이었다.

왈드가 자신의 이마를 손으로 만진 후 김일의 이마를 손으로 가리키며 박치기로 한 번 붙자는 제스처를 취했다. 김일은 무심한 태도로 링 사이드를 빙글빙글 돌았다. '네가 먼저 들어오라'는 제스처를 취한 다음 재빨리 다가가 한 대 툭 치자 왈드가 돌진해 들어왔다.

김일은 첫 터치를 통해 리기 왈드가 조급하게 서둔다는 것을 알았다. 그리고 쉽게 흥분하는 성격임도 간파했다. 그렇다면 작전은 확실했다. 시간을 끌고 천천히 움직이면서 그를 흥분시키면 절반은 이기고 들어가는 것이다.

링 위에서의 싸움은 하수가 먼저 움직이는 게 보통이다. 그런데 김일이 여유를 보이자 왈드가 조급증을 냈다. 그러면서 온몸을 던지다시피 하며 치고 들어왔다. 단숨에 보내버리겠다는 기세였다.

서두르면 틈이 생기는 법. 돌진하는 김일은 중심을 잃은 왈드의 안다리를 걸며 슬쩍 밀었다. 그는 그대로 바닥에 나뒹굴었다. 넘어진 후 곧바로 일어나는 왈드에게 김일이 박치기를 했다.

그러나 상대는 꿈쩍도 하지 않았다. 충격이 크지 않았는지 벌떡 일어나더니 다시 한 번 대시했다. 김일을 만만하게 보다가 관중들 앞에서 웃음거리가 되자 무척 자존심이 상했다.

그때 별 대책 없이 덤벼드는 왈드의 이마가 김일의 시야에 들어왔다. 기회였다. 박치기를 날렸다. 김일이 갈고 닦은 박치기가 아니라 평범한 스탠딩 헤더였다. 몸을 젖히거나 다리를 올려 힘을 줄 시간이 없었다. 그래도 충격을 주기엔 충분했다. 하지만 왈드는 아무렇지도 않은 듯 김일의 눈앞에 그대로 서 있었다. 손으로 이마를 한 번 문질렀을 뿐 전혀 충격을 받은 표정이 아니었다.

김일은 당황했지만, 티를 내지 않으려고 곧바로 또 공격을 퍼부었다. 그의 머리도 자기 머리 못지않게 단단하다는 사실을 인정하지 않을 수 없었다.

김일의 선제 박치기 한 방으로 체육관은 갑자기 흥분의 도가니에 빠졌다. 관중들은 "박치기! 박치기!"를 연호했다.

첫 박치기에 당황했던 김일도 그 순간 박치기로 승부를 내야겠다고 마음먹었다. 누구 머리가 깨지든 박치기로 결판을 봐야 하는 분위기였다.

왈드는 '이 정도밖에 안 되느냐'는 듯 씩 웃더니 머리를 쑥 내밀었다. 받을 테면 받아보라는 태도였다. 김일은 적당히 몸을 젖혔다가 받고 또 받았다. 중간 정도의 힘이 들어간 박치기였다. 보통 선수들 같았으면 벌써 그로기가 되어야 하는데 왈드는 아무렇지도 않았다. 그도 박치기를 했다.

거구의 두 레슬러가 링 가운데서 연신 박치기를 주고받는 진귀한 장면이 연출

되었다. 관중들의 함성 사이로 '빡! 빡!' 하고 머리 부딪치는 소리가 울렸다. 그렇게 계속 주고받다 보니 어느새 박치기 경합이 십여 차례나 되었다. 김일은 머리가 쑤시기 시작했다. 이마가 벌겋게 부어오르고 정신도 아득했다. 그러나 왈드는 까딱없다는 듯 여전히 씩씩해 보였다.

'이러다간 내가 박치기로 지겠다.'

불현듯 이런 생각이 스쳤으나 김일은 이내 알아차렸다. 아무렇지도 않은 척하는 왈드의 몸짓과 표정이 허풍이라는 것을. 그 역시 지금 굉장한 고통 속에 있다는 것을.

누구의 머리가 더 강한가. 누가 더 오래 잘 참을 것인가. 승리는 결국 더 잘 참는 자의 몫일 것이었다. 김일은 왈드가 센 척하면 할수록 더 머리를 박았다.

새로운 박치기, 완벽한 승리

마침내 기다리고 기다리던 기회가 왔다. 김일의 계속되는 머리 가격에 정신이 없는 듯 왈드의 몸이 완연하게 기울기 시작했다.

결정적인 순간, 김일은 한쪽 발을 크게 들어 올리면서 몸을 최대한도로 뒤로 젖혔다. 머리는 젖힌 허리보다 더 뒤에 놓았다. 그리곤 열린 문을 쾅 하고 닫듯 다리를 힘껏 내리고 몸을 튕기면서 왈드의 이마를 들이받았다.

헉! 순간 관중들의 숨이 일제히 멎었다. 김일이 방금 선보인 난생처음 보는 새로운 박치기 장면에 관중들은 넋이 나갔다. 왈드가 휘청하더니 로프 쪽으로 튕겨 나갔다. 냅다 쫓아간 김일은 로프에 비스듬하게 기댄 그를 잡아 일으키며 그

새로운 박치기를 한 번 더 시전했다.

이번엔 왈드의 몸이 링 밖으로 떨어졌다. 주심이 올라오며 "원, 투, 쓰리!" 하고 카운트하자 왈드는 머리를 흔들며 링 바닥을 기어올라오려고 했다. 그런 그에게 김일은 마지막 폭격을 가했다. 왈드는 완전한 그로기 상태였다. 김일이 박치기를 한 번 더 하려 들자 왈드는 자기 머리를 감싸며 "노우! 노우!"를 외쳤다. 그는 이미 체념한 듯 보였다.

하지만 이때가 가장 중요한 때다. 방심하여 풀어주었다간 반격으로 되치기당하기 쉬웠다. 김일은 그의 머리에 박치기 한 방을 더 얹었다. 그리고 로프를 잡고 축 늘어진 그를 끌어올린 후 그의 몸을 양어깨에 걸쳤다. 보디슬램이다. 육중한 왈드의 몸이 요란한 소리와 함께 매트에 꽂혔다.

평양 박치기를 응용한 김일의 다양한 박치기 기술

김일은 관중석을 쳐다보며 손을 번쩍 들었다. 관중들은 체육관이 떠나갈 듯 소리를 질렀다. 김일의 다음 행동이 어떤 것일지 이제 모두가 알았다. 김일은 쓰러진 왈드의 몸 위에 자신의 몸을 포개며 어깨를 눌렀다. 왈드는 미동도 하지 않았다. 주심이 폴을 선언하기 전 "원, 투, 쓰리" 카운트하자 관중들도 목청껏 따라했다. 완벽한 폴 승이었다. 동양의 해머가 서양의 해머를 무참히 쓰러뜨렸다. 일본의 박치기왕 김일이 서양의 박치기왕 리기 왈드를 박치기로 완전히 때려눕혔다. 일본 관중들은 그 시원한 명장면을 두고두고 떠올리며 김일에게 열광했다.

우승을 거둔 김일의 이마는 이미 퉁퉁 부어올랐고 얼굴은 이마에서 흘러내린 피로 선혈이 낭자했다. 하지만 기분만은 날아오를 것 같았다. 기존의 박치기보다 더욱 업그레이드된 김일 표 '원폭 박치기'가 짜릿한 승리와 함께 세상에 첫선을 보인 날이다.

세상에 다시 없는 '원폭 박치기'

경기 후, 라커 쪽으로 몰려온 취재단의 인터뷰 열기는 어느 때보다 뜨거웠다.
"긴타로 상, 오늘 그 박치기는 어떻게 된 겁니까? 처음 보는 박치기던데요?"
"박치기 기술 이름이 뭔가요?"
"마치 폭탄이 떨어지는 것 같던데요?"
"아프지는 않았습니까?"
김일의 박치기 기술은 언론에 대문짝만 하게 보도됐다. 김일이 새롭게 고안한 박치기는 '원폭 박치기'로 불렸다. '폭탄 박치기'라고 했다가 폭탄으로는 모자란

다고 생각했는지 히로시마를 초토화한 원자폭탄의 위력에 비유한 것이다.

김일이 선보인 새로운 박치기 기술은 기존의 박치기와 사뭇 달랐다. 보통 박치기는 목만 약간 뒤로 젖힌 후 받는데 김일의 새로운 박치기는 왼발을 들어 올리면서 몸을 한껏 뒤로 젖혔다가 발로 바닥을 차면서 하는 박치기였다. 김일의 강력한 필살기가 완성된 순간이다.

이날 이후 관중들은 경기 중 김일이 왼발을 들어 올리며 몸을 젖히는 동작을 하면 그때부터 환호성을 지르며 "박치기!"를 연호했다. 박치기 직전의 그 동작만으로도 관중들은 열광했다. 이 '원폭 박치기'는 김일이 기존의 박치기와 다른 박치기를 고민하다 개발한 전매특허 같은 기술로, 평양 박치기에서 힌트를 얻었다.

평양 박치기는 공중에 붕 뜬 후 상대방을 향해 몸을 미사일처럼 날려 들이받아 그 위력이 엄청나다. 평양 박치기하면 당대 제일 주먹으로 명성을 날린 시라소니(이성순)가 유명했다. 시라소니는 앉은 자리에서 붕 떠서 상대의 가슴팍이나 머리를 박아 단번에 쓰러뜨린다고 했다. 다만 이런 방식은 사각의 링 안에서는 써먹기 어려웠다. 그래서 김일은 여러 가지 방식으로 개발을 거듭했다. 그러나 사각의 링 안에서 상대방에게 주는 충격을 극대화하는 자기만의 박치기를 완성한 것이다.

전설과 전설의 만남

김일은 훗날 자신의 박치기 원조 격인 시라소니를 서울 명동의 한 다방에서 만났다. 시라소니도 김일이 박치기로 일본 레슬링계를 석권했다는 사실을 익히 알고 있었다.

"진작에 뵙고 싶었습니다. 박치기 대선배이시니 한 수 좀 가르쳐주십시오."

"아이쿠, 무슨 말씀을. 선생이야말로 박치기 제왕이신데 내가 어찌…."

시라소니는 김일을 '박치기 제왕'이라고 했다. 박치기 좀 한다는 전 세계 레슬러들을 김일이 평정했기 때문이다. 두 사람은 주거니 받거니 존경을 담아 덕담을 나누었다.

"공중 걸이 격파술에 대해 많은 이야기를 들었습니다. 저도 몇 미터 거리에서 헤딩 공격을 해봤는데 잘 안되더군요. 어떻게 멀리서도 비행 헤딩을 할 수 있는 가요?"

"훈련이고 연습이죠. 길거리 싸움에선 상대를 꽉 붙잡고 두드릴 기회가 많지 않죠. 기습적으로 치고 들어가야 하니까 조금 날긴 해야 합니다. 김일 선생이야 링에서 맞붙는 것이니 그럴 필요는 없죠."

"저는 힘만 키웠지 유연성이나 탄력성에 대해선 충분히 연습하지 못한 듯하군요."

"아닙니다. 그 원폭 박치기는 선생의 특허품이죠. 전에는 누구도 그런 생각을 못 했어요. 강타하기 위해 몸을 뒤로 젖히는 것까지는 했지만 한쪽 발을 올렸다 내리면서 힘을 더하는 디딤발 박치기는 정말 일품입니다."

"아이고, 고맙습니다. 평양 박치기 원조에게 듣는 칭찬이라 더욱 황송합니다."

"제가 원조는 아니죠. 그동안 내려온 박치기 비법을 끝없이 훈련하고 발전시킨 것뿐이죠. 싸움에선 온몸이 무기입니다. 그중에서도 한 방 위력을 생각하면 머리가 최강이죠. 우리야 싸움꾼이지만 선생은 링 위에서 박치기로 모든 국민에게 통쾌한 즐거움을 주시니 우리 모두의 영웅입니다."

소중한 인연들

리키 스포츠 팰리스

김일은 1961년부터 거의 사흘에 한 번꼴로 링이 올랐다. 1962년에는 200여 차례 링에 올랐다. 그야말로 눈 뜨면 링에만 올랐다. 그러면서도 열 번 링에 오르면 한 번 패할까 말까 할 정도로 난공불락의 무적이 되었다.

김일이 연승 행진을 하자 역도산의 기대도 커졌다. 이 무렵 역도산은 김일, 안토니오 이노키, 자이언트 바바를 차세대 스타로 육성하고, 나아가 세계 챔피언으로 키울 계획을 차근차근 추진 중이었다. 이들 모두 거의 매일 링에 오르다시피 했다. 역도산은 종종 김일을 불러 당부했다.

"마음의 준비를 단단히 해라."

프로레슬링 흥행으로 막대한 부를 이룬 역도산은 1961년 6월 도쿄 시부야에 프로레슬링 전용 센터 '리키 스포츠 팰리스'를 지었다. 역도산의 일본식 발음인 '리키 도잔'에서 따온 이름이다.

리키 스포츠 팰리스에서 훈련을 마치고 나오는 김일

지상 9층, 지하 1층의 리키 센터는 당시 돈으로 15억 엔의 거액이 투자되었다. 1층은 볼링장과 스낵바, 2층은 레스토랑, 다방, 레슬링 도장, 3~5층은 2천여 명을 수용할 수 있는 프로레슬링 경기장, 6~7층은 차밍스쿨과 여자 보디빌딩 연습장이었다. 시대를 앞서간 스포츠 센터로, 당시 최대 규모였다.

준공식에는 일본 정·재계 인사, 스포츠 스타, 연예인, 문화계 인사 등 1,500여 명이 참석해, 당시 역도산의 위세를 보여주었다. 리키 스포츠 팰리스 완성과 동시에 도쿄 아카사카에 지상 6층, 지하 1층의 고급 맨션인 리키 아파트를 완성하고 전용 수영장까지 개장했다. 또 사교 클럽, 사우나, 스테이크 하우스, 골프장, 렌터카 등 다양한 사업에도 손을 댔다.

복싱 챔피언 김기수

역도산은 리키 스포츠 팰리스를 개관하면서 프로복싱 도장도 만들어 리키 복싱 회장을 역임하고 복싱 선수들을 영입했다. 전남 여수 출신 김기수도 리키 복싱 도장에서 운동했다. 그는 한국 최초로 프로복싱 세계 챔피언이 되었다.

김일은 일본에 건너가기 전인 1955년 즈음 여수에서 씨름선수를 할 때 김기수를 처음 만났다. 씨름대회에 참가한 김일 앞에 어깨가 떡 벌어진 범상치 않은 체격의 청소년 씨름선수가 나타났다. 씨름판 관중의 함성과 씨름꾼들의 투지에 넋을 빼앗긴 표정을 하던 그 소년은 우승자인 김일에게 달려가 꾸벅 인사를 하고 다짜고짜 요청했다.

"씨름 좀 배우고 싶습네다."

함경도 사투리였다. 김일은 당돌하고 저돌적인 이 소년이 왠지 기특해보여 씨름 기술 몇 가지를 가르쳐주었다.

김기수는 함경도 북청에서 태어났으나 1951년 1·4 후퇴 때 남으로 내려와 여수에 정착했다. 운동이라면 남에게 지기 싫어하는 승부 근성이 대단해 '악바리'로 불렸다. 씨름대회에서 김일에게 인사를 한 후로는 친형처럼 따랐다. 김일은 그런 그가 언젠가 운동선수로 대성할 것이라고 믿었다.

김일은 1956년 연말 여수를 떠나 일본에 도착하면서 그와 한동안 만나지 못했다. 그런데 사람 인연이란 알 수 없었다. 김일이 1957년 말 역도산 제자로 입문한 지 얼마 되지 않았을 무렵, 역도산 체육관으로 전화 한 통이 걸려왔다.

"형님, 나 기수예요."

처음에 김일은 그가 누군지 긴가민가했다가 퍼뜩 기억이 떠올랐다. 김기수는 김일이 역도산의 제자가 되었다는 소식을 전해 듣고는 만사 제쳐놓고 역도산 도장으로 달려왔다. 김일은 그때 김기수가 씨름이 아닌 권투선수가 되었다는 사실을 알게 되었다. 김기수는 6개월여 후 도쿄에서 열리는 1958년 제3회 도쿄 아시안 게임에 한국 복싱 국가대표로 선발되어 전지훈련차 일본에 들른 터였다.

김일은 스승 역도산에게도 김기수를 소개했다. 역도산도 김기수를 호의적으로 맞아주었다. 역도산과 김기수는 함경도 출신으로 고향도 같았다. 역도산이 이를 드러내거나 대놓고 한국말을 한 것은 아니었지만, 그 후 역도산은 김기수를 격려하며 자신의 도장에서 체력훈련도 하게 해주었다.

이듬해 1958년 5월, 도쿄 아시안 게임이 열렸을 때 다시 김기수를 만났다. 김기수는 이때 복싱 웰터급 한국 대표로 출전해 금메달을 땄다. 김일과 역도산은 뛸 듯이 기뻐했다.

그 후로도 김기수는 일본에서 경기가 있을 때면 김일과 역도산을 찾곤 했다. 역도산은 리키 스포츠 팰리스를 만들고 복싱 도장을 열면서 김기수를 스카우트 하려고 했다. 그러나 김기수는 역도산 체육관에서 수 개월간 연습만 한 후 한국으로 돌아갔다.

그래도 도쿄에 가면 어김없이 역도산 체육관에 가서 필요한 훈련과 스파링을 했다. 김일이 프로레슬러로서 성공했을 때여서 그는 김기수가 편안하게 훈련할 수 있도록 지원을 아끼지 않았다.

일찍이 여수 오동도에서 인연을 맺은 김일과 김기수는 일본에서 다시 만났고, 10여 년 후 장충체육관에서 앞서거니 뒤서거니 챔피언이 되었다. 역도산 체육관에서 1962년까지 운동을 한 김기수는 1966년 장충체육관에서 WBA 세계복싱협회 주니어 미들급 타이틀 매치에서 이탈리아의 니노 벤베누티를 누르고 한국의 첫 프로복싱 세계 챔피언이 되었다. 김일은 이듬해인 1967년 4월 29일, 미국의 마크 루니를 꺾고 WWA 세계 챔피언이 되었다.

이후 김일은 프로레슬러로 계속 활약했지만, 김기수는 1969년 은퇴하고 현역에서 물러났다. 둘은 종종 만나 회포를 풀곤 했다. 김일보다 열 살 아래인 김기수는 1997년 6월, 김일보다 9년 먼저 간암으로 유명을 달리했다.

차별을 실력으로 잠재운 프로야구 영웅 장훈

일본 프로야구 영웅인 장훈도 역도산의 체육관에 훈련하러 다닌 선수였다. 김일이 1958년 처음 링에 올라 1959년 역도산 사단의 신예로 이름을 날리기 시작했을 때 장훈은 1959년 프로야구 신인왕을 수상했다. 이후 3,000안타를 쏘면서 안타 제조기로 일본 프로야구에 한 획을 그었다.

김일이 장훈을 처음 만난 건 1959년 여름이었다. 김일은 처음에는 그가 일본인인 줄 알았다가 나중에 재일교포임을 알게 되었다.

김일보다 열한 살 아래였으나, 김일과 장훈은 이후 자연스레 친해져 술잔을 나눌 정도로 가까워졌다. 역도산과 김일은 장훈의 야구경기가 있을 때면 야구장으로 응원가기도 했다. 장훈도 보답하듯 프로레슬링 경기장을 자주 찾아 힘찬 응원을 보냈다.

1960년대에 재일 한국인이 일본에서 당한 설움과 차별 때문에 김일과 장훈은 동병상련의 정이 깊었다. 프로야구 경기가 열릴 때 장훈이 타석에 들어서면 우익 성향이 강한 관중들이 어김없이 야유를 퍼부었다.

"우우~ 조센징 돌아가라! 돌아가라!"

"조센징 마늘 냄새난다."

"조센징에게 안타를 허용하다니 분하다!"

민족 감정을 건드리는 야유들이 쏟아졌다. 장훈의 야구경기를 보러 갔다가 관중석에서 그런 소리를 들을 때면 김일은 얼굴이 화끈 달아오르고 울분이 치밀었다. 함께 경기장에 간 이노키를 비롯한 김일의 동료들은 '저런 소리에 신경 쓰지 말라'며 위로했지만, 울적한 기분은 풀리지 않았다.

이런 차별적인 언사는 김일도 익히 겪는 일이었다. 김일이 경기를 하기 위해 링에 오르면 관중석 여기저기서 "조센징"하는 소리가 들렸다. 더러는 "조센징 힘내라!"고 했는데, 김일을 프로레슬러로 인정하지만 그의 출신은 못마땅하다는 표현이다.

한번은 김일이 일본 선수를 일방적으로 이기자 관중석에서 상대 선수를 향해 고함이 터져 나왔다.

"조센징에게 이겨야 해!"

그러나 김일은 그런 차별을 오히려 전투력으로 활용했다. 차별받는 설움과 분풀이를 상대 선수에게 하듯이 허리를 뒤로 젖힌 후 힘껏 박치기를 터뜨렸다.

이런 공감대가 있었기에 장훈은 김일에게 설움 섞인 푸념을 하곤 했다.

"언제쯤 그런 소릴 안 들을 수 있겠습니까?"

그러나 김일은 차별의 시선을 가슴에 담지 않았다. 경기와 동시에 그런 소리는 다 잊으려 노력했다. 잊는 것을 습관으로 만들었다. 차별을 이기기 위해서는 반드시 성공해야 한다는 생각뿐이었다.

장훈도 같은 마음이었다. 김일이 체력훈련을 하러 체육관에 가면 어김없이 장훈과 마주쳤다. 장훈은 도쿄의 원정경기가 우천 관계로 열리지 않는 날이면 꼭 역도산의 스포츠 센터에 나타나 체력훈련을 했다.

김일과 장훈은 훈련이 끝나고 난 다음엔 둘이 인근에서 맥주 한 잔을 마시며 회포를 풀었다. 이국에서 마음이 통하는 동포를 만나 맥주 한 잔 마시는 시간은 김일에게 큰 위안이 되었다. 둘은 반드시 성공하자며 서로를 격려했다. 그 약속을 지키기라도 하듯 김일은 프로레슬링 선수로 입지를 다졌고, 장훈은 일본 최고 타자 자리를 굳혔다.

이후에도 김일은 장훈과 인연의 끈을 놓지 않았다. 하루는 김일이 레슬링 경기를 끝내고 라커룸으로 돌아왔는데 장훈이 들어와 시원한 맥주 한 잔을 따라줬다. 링에서 사투를 벌인 후 피와 땀으로 범벅이 되어 라커룸으로 돌아오면 시원한 맥주 한 잔이 간절했는데, 이것을 잘 알던 장훈이 직접 맥주를 갖고 온 것이다. 김일은 그가 따라준 맥주 맛을 평생 잊지 못했다.

경기를 마치고 나온 김일에게 맥주를 따라주는 장훈

 장훈은 활동은 일본에서 했지만, 한국 국적을 바꾸지 않아 1980년 체육훈장 맹호장, 2007년 국민훈장 무궁화장을 수훈했다.
 김일은 2006년 2월 일본에 갔다가 장훈을 다시 만나 뜨거운 포옹을 나누었다. 종목은 달랐지만, 활동 시기가 비슷했던 김일과 장훈은 처음부터 서로를 알아보았고 평생 돈독한 우정을 나누었다.

세계 챔피언의 길

스승과의 첫 술자리

1963년 9월 초. 김일은 경기마다 연전연승을 하며 한창 이름을 날렸다. 김일의 원폭 박치기 앞에서는 일본인 선수는 물론이고 덩치 큰 서양 선수들도 뻥뻥 나가떨어졌다. 그가 마지막 결정타로 왼발을 들면 다들 머리부터 감싸며 꽁무니를 뺐다. 관중들이 "김일, 박치기!"를 연호하면 김일은 격하게 피어오르는 짜릿한 기분을 온몸으로 느끼며 젖 먹던 힘까지 쏟아부었다.

한 방, 두 방, 세 방. 그 이상은 필요 없었다. 더러 세 방을 맞고도 일어서는 선수가 있지만, 더 큰 충격만 입을 뿐이었다.

그 무렵 스승이 그를 불렀다.

"긴타로, 오늘 밤 나하고 술 한 잔 하자."

술이라니, 처음 듣는 소리였다. 김일은 6년여가 지난 그때까지 스승 역도산과 단둘이 술을 마신 적이 한 번도 없었다.

'왜 갑자기 술을 마시자 하실까?'

"긴자 히메 알지? 거기로 와."

그곳은 역도산의 단골집으로, 동성회의 야쿠자 정건영이 운영하는 고급 술집이다. '긴자의 호랑이'라는 별명이 붙은 정건영은 김일도 안면이 있는 터였다. 그 역시 재일 한국인으로 김일을 여러모로 잘 보살펴주었다.

김일은 '스승과 단둘이 아니라 셋 혹은 그 이상이 되겠구나' 했다. 그러나 저녁 7시쯤 히메 안으로 들어갔을 때 역도산 외엔 아무도 없었다.

"오늘 밤은 너 말고 아무도 없어. 단둘이 마시는 거다."

김일은 왠지 어색했다. 하늘 같은 스승과 둘이서만 대작하는 건 꿈도 꾸지 못했다.

챔피언 벨트 따러 미국으로

"많이 힘들지?"

역도산은 그날따라 유난히 상냥했다. 목소리도 유례없이 나긋했지만 말할 때도 웃음을 띠고 있었다. 갑자기 너무 달라진 스승을 보고 김일은 불안했다. 도대체 무엇 때문에 이럴까 싶었다.

"괜찮습니다. 이제 힘들지 않습니다. 고맙습니다. 저를 이만큼 키워주셔서."

"응, 고생 많았어. 이제 제법 강자다운 면모가 보여. 레슬링은 원래 힘든 거야. 나도 처음 시작할 때 엄청 힘들었지, 중간에 때려치울까도 생각했었으니까."

역도산이 그렇게 말을 많이 하기는 처음이었다. 그는 연신 김일에게 맥주를 따라 주었지만 김일은 마시지 못했다. 감히 스승 앞에서 넙죽넙죽 들이킬 수 없었다. 마시는 척하면서 탁자 밑으로 쏟아버렸다.

"언젠가 때가 되면 자네하고 한 조가 되어 경기를 같이 해보자. 멋진 태그 팀이 될 거야. 우리 둘이면 무적이지."

역도산은 분명히 김일에게 할 말이 있어 보였다. 그런데 바로 본론을 말하지 않고 뜸을 들였다. 김일의 정신은 갈수록 또렷해졌다. 맥주를 대여섯 병 비웠을까. 역도산이 마침내 담아두었던 말을 꺼냈다.

"오오키 긴타로, 너 세계 챔피언 벨트 따올 수 있지?"

역도산의 말투는 나직했지만, 확신에 찼다. 순간 말문이 막힌 김일은 어안이 벙벙하여 놀란 눈으로 스승을 바라보기만 했다. 가슴이 벌렁벌렁, 너무 흥분해서 쓰러질 것 같았다.

맥주를 한 잔 더 가득 따른 역도산은 단숨에 비우고 잔을 탁 내려놓더니 더 분명한 어조로 말했다.

"너, 미국에 가서 태그 챔피언 벨트 가지고 와. 넌 할 수 있어. 네가 벨트를 따와야 내 뒤를 이을 수 있어."

지난 6년의 시간이 주마등처럼 지나갔다.

'아, 이거였구나.'

김일은 역도산이 왜 그토록 모질게 자기를 단련시켰는지 그 이유를 확실히 알게 되었다. 외국 선수들을 불러올 때마다 김일을 링에 올린 것도 외국 선수들에 대해 적응력을 높이기 위한 배려였다.

"12월에 미국에서 WWA(세계레슬링협회) 태그 챔피언 대회가 열린다. 반드시 벨트를 따야 한다. 미국 가면 미스터 모토가 일정을 도와줄 거야."

역도산은 김일이 호흡을 맞출 팀원까지 이미 맞춰 놓았다. 철저했다. 그러면서도 그동안 함구한 것이다. 김일은 다시 한 번 스승이 참 대단한 사람이라는 생각이 들었다.

미스터 모토는 미국 LA에서 활동하는 레슬러 겸 프로모터였다. 베테랑으로 김일을 충분히 뒷받침해줄 수 있는 사람이었다.

김일이 겨루게 될 상대는 미국 서부 태평양 연안을 휘어잡은 랩 마스터 콤비라고 했다. 역도산은 단호하게 말했다.

"머뭇거릴 시간 없어. 한 3개월은 호흡을 맞춰야 해. 태그 경기의 생명은 팀워크야."

김일은 그날 저녁 스승과 어떻게 헤어졌는지 기억하지 못했다. 흥분 상태였고 머릿속이 복잡했다. 하지만 그 밤의 느낌만은 오랜 세월이 지났어도 생생하게 기억했다. 김일은 그날 너무 흥분되고 설레어 거의 뜬눈으로 밤을 지새웠다.

미국인을 미국 땅에서 박치기로 날려버리는 장면, 챔피언 벨트를 허리에 두르는 꿈 같은 장면이 떠오르고 또 떠올랐다.

역도산이 김일에게 농담처럼 던진 말은 진심을 가득 담은 치밀한 계획이었다. 역도산은 그즈음 김일에게 남북 방문 프로레슬링 대회 이야기도 자주 언급했다. 북한이 고향인 그와 남한이 고향인 김일이 고국에 가서 활동하면서 서양의 레슬러들을 깨부수는 시원한 모습을 보여줌으로써 한국민에게 희망을 주고 남북 간의 다리를 잇는 역할을 하자는 것이다.

또 해외 원정 경기 이야기도 자주 했다.

"너 외국 가서 경기 한 번 해볼래? 레슬링을 제대로 하자면 미국에서 이름을 떨쳐야 해. 미국 가면 일본에서의 챔피언은 아무것도 아니라는 걸 알게 될 거다. 여긴 모두 우물 안 개구리야. 미국 무대에서 인정받아야 세계가 인정하는 거야."

그러면서 역도산은 강조하고 또 강조했다.

"안주하지 마라. 무조건 실력을 키워야 한다."

김일은 스승 역도산의 머릿속에 세계 챔피언 타이틀부터 고국에서의 경기까지 모든 게 이미 설계되어 있었음을 알았다. 그런 역도산의 원대한 포부와 청사진 실현을 위한 첫 제자가 바로 김일 자신이었다.

김일은 역도산 도장의 첫 번째 세계 챔피언 도전자였다. 김일에 관한 기사가 여기저기 신문에 났다. 도쿄 스포츠 신문은 "역도산의 수제자인 김일이 세계 챔피언에 도전한다"며 "과연 세계 챔피언이 탄생할지 기대된다"고 보도했다.

미국행 준비를 하면서도 훈련은 하루도 빠짐없이 계속했다. 김일은 자신이 상대하게 될 랩 마스터 콤비를 머릿속에 계속 담고 그렸다. 일종의 이미지 트레이닝이었다. 이런저런 모습을 상상하며 머릿속에서 수십 번 경기를 반복했다.

태평양을 건널 생각을 하니 불현듯 고향의 가족 생각이 났다. 이 기쁜 소식을 전해주고 싶기도 했지만 참았다. 세계 챔피언이 되면 절로 알게 될 것이고 그때 가서 아버지 산소도 찾고 고향 거금도도 찾자고 마음먹었다. 아버지 임종도 지키지 못한 아들이지만 세계 챔피언이 되면 하늘나라에서 용서해줄지도 모른다고 생각했다.

드디어 미국행 비행기를 타는 날이 되어 김일은 스승 역도산과 마주 앉았다.

"다녀오겠습니다."

"죽기로 싸워라. 투혼을 가슴에 품고."

"예, 반드시 챔피언 벨트를 가져오겠습니다."

"그래. 벨트를 못 따면 돌아오지도 마."

김일은 다시 한 번 결연히 의지를 다졌다. 역도산은 김일에게 두툼한 지폐 뭉치를 건넸다.

"이 돈으로 고기 사 먹고 힘을 키워."

술 마시지 말고 여자 있는 집은 얼씬도 하지 말라고도 했다. 꼭 아버지 같았다. 스승의 당부에 김일은 눈물이 왈칵 쏟아질 것만 같았다. 김일의 눈에 그날따라 스승의 눈빛이 허전해보이는 것 같았다. 그리고 왠지 모르게 스승과 영영 작별할 것 같은 불길한 예감이 스쳐 지나갔다.

1963년 9월 7일, 김일은 역사적인 경기를 치르러 미국으로 향했다. 그날이 스승 역도산을 본 마지막 날이 될 줄 그때는 알지 못했다.

미스터 모토와 재미교포 이춘성

LA 공항에 도착하니 미스터 모토가 김일을 기다렸다. 역도산보다 서너 살 위인 그는 일본인 이민자로, 역도산의 미국 진출도 주선했다. 선수 겸 프로모터로 미국 선수들을 이끌고 일본에도 온 적이 있어 김일과는 구면이었다. 김일은 그를 따라 일본인 집단 거주 지역에 있는 그의 집으로 갔다.

김일은 여장을 풀고 나서 LA 거리를 한 바퀴 돌았다. 낯선 땅이지만, 그곳 일본인들은 김일을 다 알고 있었다. 쫓아와 아는 체하고, 박치기 흉내를 내며 사인을 부탁했다. 어떤 이는 김일의 손을 잡고 눈물을 흘리기도 했다. 김일이 박치기로 서양인들을 혼내 주는 장면을 보며 이민 생활의 고단함을 풀었다고 했다.

한번은 김일이 매콤한 한식이 먹고 싶어 수소문 끝에 흑인 밀집 구역에 있는 한인 식당 '고려식당'을 찾았다. 김일은 오랜만에 고국 음식을 마음껏 먹고 힘이 났다.

그런데 언제부턴가 식당 저쪽에서 어떤 사람이 자꾸 김일을 흘깃거렸다. 김일이 식사를 마친 걸 본 그는 조심스레 다가와서는 영어로 물었다.

"혹시 레슬링 선수가 아니세요?"

김일은 그가 일본인인 줄 알고 일본말로 그렇다고 대답했다. 그는 김일의 주특기가 박치기며 최근에 어떤 선수와 경기를 펼쳤는지도 소상히 알고 있는 팬이었다. 엄지손가락을 치켜세우며 대단하다고 했다. 그러더니 식당 주인에게 다가가 한국말로 그랬다.

"저분은 일본에서 굉장히 인기 높은 레슬러예요."

바로 그 한국말이 김일의 귀에 들렸다. 오랜만에 듣는 진짜 한국말에 두 귀가 쫑긋해졌다. 더 참을 수 없게 된 김일은 그에게 한국말로 물었다.

"한국 사람입니까?"

그러자 그 사내가 깜짝 놀란 표정을 지으며 물었다.

"선생님, 한국인이셨습니까?"

"네, 한국인입니다."

일본의 유명한 박치기왕 김일이 한국인이란 사실에 까무러칠 듯이 놀라며 사내는 기뻐 어쩔 줄 몰라 했다. 순식간에 식당 주인과 다른 한국인 몇 명이 김일 주변으로 모여들었다.

그 사내는 김일보다 네다섯 살 아래로, 당시 캘리포니아 주립대에 재학 중이던 유학생 이춘성이었다. 그는 미국에서 TV를 보면서 응원했던 프로레슬러가 일본인이 아닌 한국인이라는 사실이 너무 반가웠는지 김일의 후견인이 될 것을 자처했다. 그리고 그날 이후 여러모로 김일을 도왔다. LA 지리에 어두운 김일을 위해 손수 차를 몰고 연습장과 숙소에 데려다주곤 했다.

일본에서 활약하는 한국인 프로레슬러가 LA에 왔다는 소문은 교포들 사이에 순식간에 퍼졌다. 김일은 한 한국인의 집에 초대받아 교포 수십 명의 환대를 받았다. 그들은 다양한 한국 음식을 차려놓고 김일을 맞아 고향 이야기를 하며 눈물을 흘렸다. 술이 몇 순배 돌자 김일과 교포들은 함께 〈아리랑〉이나 〈나의 살던 고향은〉 같은 고국의 노래를 불렀다.

김일의 팬이자 후견인이 된 이춘성과의 인연은 이후로도 이어졌다. 1970년대에 서울 정동에 김일 체육관을 건립할 때 건물 설계를 그에게 맡기기도 했다. 이춘성은 김일이 시합차 미국에 갈 때마다 물심양면으로 도왔다.

응원에 대한 답례는 이기는 것

김일은 일본인 재미교포들에게도 초대를 받았다. 한국인이든 일본인이든 이국땅에서 겪는 설움은 한가지였다. 미국에서 한·일 양국 교포들 모두로부터 극진한 환영을 받으며, 김일은 자신이 무엇을 해야 하는지 다시 한 번 확신했다.

'내가 이들에게 줄 수 있는 답례는 미국 선수들을 이기는 것이다!'

김일의 경기가 이어질수록 그의 경기를 보러 오는 한국인과 일본인 관중 수가 늘어만 갔다. 5시간 이상 차를 몰고 경기장에 오는 것은 예사였다.

관중석에는 태극기와 일장기가 동시에 휘날렸다. 김일이 링에 오르면 한국인과 일본인 팬들이 한목소리로 "이겨라!"를 외쳤다. 한국 교포들이 애국가를 부르면 일본 교포들은 기미가요를 불렀다. 그러다 김일이 미국인 선수를 박치기 한 방으로 넘어뜨리면 서로 얼싸안고 기뻐했다. 김일로 인해 한·일 양국 교포들이 한 팀처럼 열띤 응원을 하는 진풍경이 벌어졌다.

김일이 경기를 하는 날이면 서양인들만 빼곡하던 경기장이 동양인들로 붐비는 전에 없었던 풍경이 펼쳐졌다. 한국인과 일본인뿐 아니라 중국인까지 합세했다. 그들 모두에게 김일은 동양인을 멸시하고 차별하는 서양인을 통쾌하게 무찌르는 정의의 사도, 희망의 등불이었다. 김일이 박치기를 할 때마다 다 같이 '만세'를 외쳤다. 저마다 언어는 달랐지만, 김일의 통쾌한 승리를 통해 머나먼 이국땅에서의 설움을 날려버렸다.

12월 9일, 세계 챔피언에 도전하는 날까지 김일은 일주일에 두 번꼴로 링에 올랐다. 미국에 도착한 9월부터 결승전이 열리는 12월까지 25차례에 이르는 경기를 치르며 단 한 번만 빼고 모두 승리했다. 25전 24승 1패. 연전연승의 원천은 교포들의 마음에서 우러나온 응원이었다.

그리고 김일은 드디어 미스터 모토와 함께 WWA 태그 타이틀 도전 자격을 획득했다. 9월 7일, 미국 방문길에 오른 지 3개월 만이었다.

타이틀전을 앞두고 날아든 비보

12월 7일, 예선 마지막 경기에서 김일은 미국 선수를 폴로 꺾었다. 김일의 타이틀 도전권은 그 전에 이미 결정되다시피 했지만, 7일 경기에서 폴 승을 거둠으로써 공식으로 미스터 모토와 함께 WWA 태그 타이틀 도전자가 되었다.

드디어 타이틀전이 열리는 12월 9일이 다가왔다. 경기 전날 저녁에는 WWA 주최의 미디어데이 및 리셉션이 있었다.

9일 경기에 출전하는 모든 선수가 참석해 기자회견을 하며 경기에 임하는 소감을 피력했는데, 기자들의 관심은 단연 김일이었다. 레슬링의 불모지로 알려진 아시아 선수가 챔피언 전에 나선다는 사실 하나만으로도 대단한 뉴스였다. 게다가 그가 박치기왕이라는 사실이 알려지면서 많은 기사가 쏟아졌다.

김일의 박치기는 미국에서 '해머 박치기'라는 이름으로 불렸다. 쇠망치로 때리는 정도의 위력이 있다는 뜻이다.

"당신의 머리는 진짜 돌 같이 단단한가?"

한 미국 선수가 물었다. 김일은 굳이 아니라고 하지 않았다. 경기 전날이어서 무력시위를 할 필요도 있었다. 랩 마스터도 저쪽에서 보고 있었다. 김일은 별생각 없이 자신의 머리를 툭툭 치며 농담하듯이 으스댔다.

"돌보다 더 단단하지. 돌도 두 개로 쪼개니까."

그러자 미국 선수의 표정에 설마 하면서도 경계하는 빛이 역력했다.

"한 번 만져봐도 되나?"

김일은 대단한 것 아니라는 듯 이마를 내밀었다. 그런데 그가 주먹으로 김일의 머리를 때리는 것이 아닌가! 그냥 만지는 줄만 알았는데 주먹으로 치다니, 김일은 깜짝 놀랐지만 그렇다고 티를 낼 수 없었다.

김일은 괜히 허세를 부린 것을 후회했지만, 상황은 엉뚱하게 흘러갔다. 그를 둘러싸고 수군거리던 무리가 "머리가 얼마나 단단하면 손이 다 아프냐?"며 김일의 머리를 차례로 가격했다. 거구의 서양인들이 줄지어 서서 동양인의 머리를 차례로 때리는 웃지 못할 진풍경이 벌어졌다. 한두 명도 아니고 십여 명이 그랬으니 아무리 김일이라도 아프지 않을 수 없었다.

현장에선 아무렇지도 않은 척 표정 관리를 한 김일은 숙소로 돌아오자마자 얼음찜질을 해야 했다. 후회막급이었다. 미스터 모토도 어이없어하며 김일을 나무랐다. 다행히 아침이 오자 머리는 괜찮아졌다. 경기에도 무리는 없을 듯했다. 김일은 마음을 가다듬고 경기를 시작하고자 했다.

그때였다. 미스터 모토가 숨넘어가는 목소리로 전화를 받아보라고 했다. 일본에서 급히 전화가 왔다는 것이었다. 김일은 오늘 경기를 잘하라는 격려 전화일 것으로 생각하고 별생각 없이 수화기를 들었다. 그러나 청천벽력 같은 뜻밖의 소리를 들었다.

"선배님, 놀라지 마세요. 스승님이 야쿠자의 칼에 맞았습니다."

이게 무슨 소린가! 김일은 머리가 띵해지고 심장이 멎는 것 같았다.

"뭐라고? 야쿠자의 칼에? 많이 다치셨나?"

"다행히 목숨에는 지장이 없을 듯합니다."

"어떤 놈이 찌른 거야?"

"야쿠자 스미요시 조직원인 것 같습니다."

"정말 괜찮은 건가?"

"예. 곧 나을 듯합니다. 병원에 계시지만 큰 부상은 아닙니다. 말씀도 잘하시고 야쿠자 놈들 가만두지 않겠다고 벼르고 계실 정돕니다."

김일은 놀란 가슴을 쓸어내렸다. 목숨에는 지장이 없다니 그나마 다행이다 싶었다. 그 순간엔 챔피언이고 뭐고 다 때려치우고 당장 일본으로 달려가고 싶었다. 그러나 정신 차려야 했다. 반드시 챔피언 벨트를 따서 스승을 기쁘게 해드리는 게 지금 자신이 할 일이라는 생각이 들었다.

'스승님, 조금만 기다리십시오. 챔피언이 되어 돌아가겠습니다.'

마침내 세계 챔피언

1963년 12월 9일, 김일의 레슬링 인생에서 가장 중요한 일전인 WWA 태그 챔피언 경기가 시작되었다.

김일이 미스터 모토와 함께 체육관으로 들어서자, 한국과 일본의 교포 수백 명이 태극기와 일장기를 흔들며 김일을 연호했다. 김일은 뭉클했다. 힘이 솟았다. 저들을 위해서라도 꼭 챔피언이 되자고 새삼 다짐했다.

뒤이어 챔피언 팀인 랩 마스터 콤비가 링에 오르자 미국인들의 함성으로 체육관은 열광의 도가니가 되었다.

경기가 시작되자마자 상대 팀은 경기를 단숨에 끝내려는 듯 달려들었다. 미국 서부 태평양 연안을 휘어잡던 무적의 콤비에게 생면부지의 아시아인인 너희는 아무것도 아니라는 듯 여유만만했다.

맞붙어보니 역시 그들은 챔피언답게 노련했다. 예측불허의 경기에 김일은 당황하기도 했다. 김일이 몰릴 때마다 서양인 관중들은 "끝내라!"라고 외치고, 동양인 관중들은 "박치기!"를 외쳤다. 누가 봐도 김일 팀이 열세였다.

김일은 상대 팀의 장단점을 정확히 파악한 후 대처하자고 마음먹고, 오히려 그들의 조급증을 이용하기로 했다. 천천히 약을 올리는 김일의 지연 작전에 마침내 말려들기 시작했다. 랩 마스터는 바짝 약이 오른 듯 손바닥으로 김일의 뒤통수를 치는 반칙까지 저질렀다. 김일이 심판에게 항의했지만, 심판은 들은 척도 하지 않았다.

경기장은 한층 달아올랐다. 김일이 일부러 상대에게 잡혀주자 상대는 기회다 싶었는지 보디슬램을 한 후 그 큰 몸으로 김일을 덮쳤다. 이대로 경기가 끝나는 것인가! 그러나 김일은 카운트 투에서 벌떡 일어나 모토 선배와 터치했다.

모토의 경기를 링 밖에서 보면서 김일은 다시 한 번 전력을 다졌다. 그리고 확신이 들었다.

'다시 교체해 들어가면 바로 끝내기로 갈 수 있겠다!'

그때쯤 상대 팀인 랩 마스터는 초반에 승부를 내려고 무리하는 바람에 지친 기색이 역력했다. 그런 데다 자기 마음먹은 대로 경기가 풀리지 않자 조급하기까지 했다.

지치고 조급한 상대. 김일은 박치기 타이밍이 왔음을 알았다. 다시 링 안으로 들어가자 랩 마스터가 덤벼들었다. 옆으로 피하면서 로프 쪽으로 냅다 밀었다. 바로 그때, 반동으로 튀어나오는 상대의 배를 향해 김일이 날아들었다. 순간 충격이 무시무시했다. 중심을 잃은 상대는 그대로 쓰러졌다. 본격적인 박치기의 시간이 왔다!

김일은 비틀거리며 일어서는 상대의 이마를 잡고 전매특허인 허리 젖혀 박치기를 날렸다. 상내가 다시 픽 고꾸라졌다. 더 확실하게 하자면 몇 방 더 먹여야 했다. 한 번, 두 번, 세 번. 점프해서 받고, 로프 반동을 이용해서 받고, 마침내 마무리 원폭 박치기!

링 안의 파트너가 박치기에 당해 못 일어나는 것을 본 다른 파트너가 링 안으로 순식간에 뛰어들었다. 김일은 그것까지 곁눈질로 보고 있다가 순간적으로 미사일처럼 날아가 그의 가슴팍을 들이받았다. 그는 쓰러지며 링 밖으로 달아났다. 쓰러진 상대를 마무리하듯 덮치자 미동도 없었다. 심판이 셋을 다 셀 때까지 그는 일어나지 못했다.

심판이 김일과 미스터 모토의 손을 번쩍 들었다. 새로운 세계 챔피언이 탄생하는 순간! 이제 김일이 WWA 세계 태그 챔피언이었다. 레슬링 입문 6년 만에, 역도산 이후 첫 타이틀이었다.

　체육관은 관중의 열광적인 함성으로 떠나갈 듯했다. 동양인 관중들뿐 아니라 서양인 관중들도 같이 함성을 질렀다. 젊은 아시아 선수의 박진감 넘치는 신선한 경기에 감동한 듯, 엄지손가락을 치켜들며 최고라는 신호를 보냈다. 김일은 흐르는 눈물을 주체할 수 없었다.

아, 스승의 죽음

기다리지 못한 스승

김일은 꿈만 같은 승리의 기쁨을 제일 먼저 스승에게 알리기 위해 숙소에 들어서자마자 일본으로 전화를 걸었다.

"스승님 용태는 어떠신가?"

"수술은 잘 끝났대. 걱정하지 말고 귀국하게."

수술이라는 말이 자꾸 마음에 걸렸다. 불길한 예감이 들었다. 꿈자리도 사나웠다. 꿈에서 스승이 낭떠러지에서 떨어지거나 김일의 손을 놓았다. 9월 7일, 일본을 떠날 때 마지막으로 본 스승의 눈빛이 김일의 머릿속에서 지워지지 않았다.

다행히 수술 후 의식을 회복하고 미음도 드신다고 했다. 신문에 대문짝만 하게 실린 제자의 챔피언 사진을 보고 농담까지 하셨다고 전했다.

"이 자식, 챔피언이 됐으면 환하게 웃으면서 찍지 않고 이게 뭐야. 돌아오면 사진 찍히는 방법부터 가르쳐줘야겠어."

그제야 김일은 마음이 조금 놓였다. 비로소 챔피언의 기쁨을 맘껏 누리게 되었다. 현지 언론의 인터뷰 요청이 줄을 이었다. 현지에서도 김일의 박치기를 대서특필하며 찬사를 보냈다.

"동양의 해머 박치기왕, 챔피언 자격 충분하다."

인터뷰 요청에 응하느라 정신없이 바쁜 와중에도 스승의 용태가 신경 쓰였다. 마음은 당장 일본행 비행기를 타고 싶었지만, 챔피언이 되면 열흘쯤 후에 경기를 한 번 더 하기로 주최 측과 계약이 되어서 그때까지는 기다려야 했다. 스승이 그토록 기다리던 제자의 챔피언 벨트를 어서 보여드리고 싶었지만, 별수 없었다.

그런데 일주일도 채 안 된 1963년 12월 15일, 도쿄에서 다시 한 통의 전화가 걸려왔다.

"마음 굳게 가져라. 스승님이 돌아가셨다."

"뭐? 뭐라고요?"

순간 정신이 나간 김일은 차마 말을 잇지 못했다.

장례식에도 갈 수 없는 사정

열여섯 살에 고향 함경도 신포를 떠나 일본 땅에서 프로레슬링으로 일본의 영웅이 된 역도산. 그는 김일이라는 걸출한 제자를 배출하여 세계 챔피언으로 키우는 꿈을 이뤘지만, 그 꿈의 증거인 챔피언 벨트를 보지도 못하고 불의의 사고로 유명을 달리했으니, 각별한 사제 간의 운명은 참으로 가혹했다.

감당하지 못할 충격에 휩싸인 김일은 예정된 12월 18일의 경기를 취소하고 장례식에 참석하기 위해 짐을 꾸렸다.

그러나 예상치 못한 일이 김일의 뒤통수를 쳤다. 수화기 너머에서 동료가 억장이 무너지는 소식을 전했다.

"오오키 긴타로, 자네는 일본으로 돌아올 수 없네. 한국으로 가게."

그동안 김일이 일본에서 활동할 수 있었던 것도 미국 비자를 발급받아 미국에서 경기도 할 수 있었던 것도 역도산의 보증 덕분이었다. 그런데 그 보증인이 사망하고 없으니 일본에 못 온다는 것이었다.

한국인인 자신에 대한 보이지 않는 견제라는 소문이 있었다. 김일은 배신감마저 느꼈다. '스승이 별세하자마자 자신에 대한 태도가 이렇게 180도 바뀔 수 있구나' 하는 생각에 분노가 치밀었다.

일본인 신분인 역도산은 평소 조선인 출신임을 드러내지 않고 살았다. 한 번쯤은 스승이 "나도 너와 같은 조선인"이라고 말해줄 줄 알았는데 끝내 듣지 못했다. 김일은 평소 안 마시던 술을 과음하고 방황했다.

묘소에 놓아드린 챔피언 벨트

1964년 2월 초, 스승이 돌아가신 지 두 달 가까이 되어서야 김일은 가까스로 일본행 비행기에 오를 수 있었다. 스승의 특명을 받고 미국으로 떠난 지 5개월 만이었다.

김일은 일본에 도착하자마자 도쿄의 역도산 체육관(리키 스포츠 팰리스)부터 들렀다. 동료들이 그를 환대하며 맞았다.

다음 날에는 역도산의 묘소를 찾았다. 그때까지도 스승의 죽음을 실감하지 못하고 있다가, 묘에 절하고 나서야 스승이 이미 이 세상 사람이 아니라는 것을 실감했다. 김일은 하염없이 눈물을 흘리며 흐느꼈다.

"제가 곁에서 지켜드리지 못해 너무 죄송합니다."

그리고 미국에서 가져온 챔피언 벨트를 묘지 위에 올려놓았다. 묘지 주변에서 까마귀 떼가 울었다. 김일은 깊은 상념에 잠겼다.

스승 역도산의 묘소에 바친 챔피언 벨트

스승의 묘소에 다녀온 김일은 거취에 대해 고민을 거듭했다. 일본을 떠나고 싶기도 했다. 정신적 지주인 스승도 떠나고 없는 일본에서 더 얻을 영예가 남아 있기나 하는지 의심스러웠다. 아예 프로레슬링을 그만둘까 하는 생각까지 들었다.

이런 생각을 내비치자 이노키와 바바를 비롯한 동료들이 김일을 붙잡았다.

"일본 프로레슬링의 흥행을 위해서는 오오키 긴타로 상이 필요합니다."

그러면서 그들은 과거는 잊고 미래를 위해서 함께 뭉치자고 했다. 김일은 그들이 해준 말을 떠올렸다. 스승의 묘 앞에서 찬비를 맞고 있노라니 잡념이 사라졌.

'스승이 작고했다는 이유만으로 모든 것을 포기하고 지금 한국에 돌아간다면 그동안의 고생이 물거품이 될 것이다. 가슴속에 영영 한으로 맺힐 것이다. 스승님에게 두고두고 죄송할 것이다.'

자신에 대한 견제든 차별의 악담이든, 소문은 내버려두고 자기 의지와 마음이 시키는 대로 하기로 했다. 김일은 신발 끈을 동여매고 바지를 털고 일어났다.

'세계 챔피언, 이제 시작일 뿐이다. 스승 역도산의 이름이 잊히게 하고 싶지 않다. 스승의 뜻을 받들어 일본 열도를 다시 흔든 것이다. 그러기 위해서는 내가 더 열심히 해야 한다.'

| 5장 |

현해탄을 오간
풍운의 레슬러

한·일 국교 수립으로 김일은 한국과 일본을 오가면서
경기를 치를 수 있었고, 일본 선수들을 한국으로
초청하는 데도 문제가 없었다.
국교 수립이 이루어지지 않았다면 불가능한 일이다.
꿈에 그리던 고국에 금의환향한 김일은
세계적인 프로레슬러의 면목을 보여주리라 다짐했다.
그의 삶에서 그 어느 때보다 설레는 순간이었다.
그는 선수로서뿐만 아니라 프로모터로서
국내 프로레슬링 흥행을 위한 프로그램을 기획했다.

새로운 여정

일본에서 한국으로 번지는 불길

역도산은 갔지만, 일본의 프로레슬링은 흥행 일로였다. 박치기의 김일, 16문 킥의 바바, 트위스트 꺾기의 이노키가 붙으면 경기장은 늘 만원이었다. 언론은 역도산의 제자들이 펼치는 대결이라면 사소한 것 하나도 빼놓지 않고 시시콜콜 다 보도했다. 특히 김일의 인기는 하늘을 찔렀다. 가는 곳마다 팬들이 구름처럼 몰려들고 후원회까지 조직되었다.

미국과 일본 프로레슬링계를 정복한 김일의 활약상이 알려지면서 점차 한국 언론도 관심을 가지기 시작했다.

'한국 출신 프로레슬러 김일, 일본 열도를 뒤흔들다.'

당시 한국은 장영철, 천규덕 등이 프로레슬링의 붐을 일으켜 놓은 터였다. 여기에 국제적으로 명성을 얻은 김일 같은 월드 스타가 가담한다면 흥행은 상상을 초월할 만큼 폭발할 게 분명했다. 언론도 김일의 한국 경기 가능성을 조금씩 보도하기 시작했다.

한국에서 김일은 역도산과는 또 다른 존재였다. 역도산도 대단한 영웅이긴 했지만, 일본 국적인 데다 한국말도 잘하지 못하는 등 아무래도 같은 민족으로서의 동질감은 떨어졌다. 그에 비해 김일은 국적은 물론 정체성까지 완전한 한국인으로, 한국민의 자긍심이 되기에 충분했다. 그런 미묘한 차이로 인해 한국에서는 역도산보다는 김일에 열광했다.

고국의 은밀한 초대장

1964년 6월 어느 날, 중앙정보부 요원이라는 사람이 김일을 찾아왔다.

"김일 씨, 한국에 와서 프로레슬링 붐을 일으켜 주십시오."

당시 한국은 박정희가 군사쿠데타를 일으켜 정권을 잡은 여파가 가시지 않아 정치·사회적으로 어수선한 시기였고 한국과 일본은 국교가 수립되기 전이었다. 박정희 대통령 취임 이후 한일 국교 수립이 급속도로 진행되는 가운데 한일협상에 반대하는 목소리가 높았다. 1964년 3월에는 굴욕적인 한·일회담에 반대하는 6·3 한일협정 반대 운동이 일어났다.

김일은 당시 국내의 정치·사회적 사정을 잘 알지는 못했다. 그저 한일 국교가 수립되어 재일교포들의 처우도 개선되고 한일 양국 사람들이 서로 자유롭게 오갈 수 있으면 좋겠다는 생각뿐이었다.

이런 상황에서 김일은 중앙정보부 요원의 비밀스러운 방문을 받은 지 일주일 후 서울을 방문했다. 비공식적인 방문이었으나, 1956년 밀항선을 타고 일본으로 떠난 지 8년 만에 밟은 고국 땅이었다.

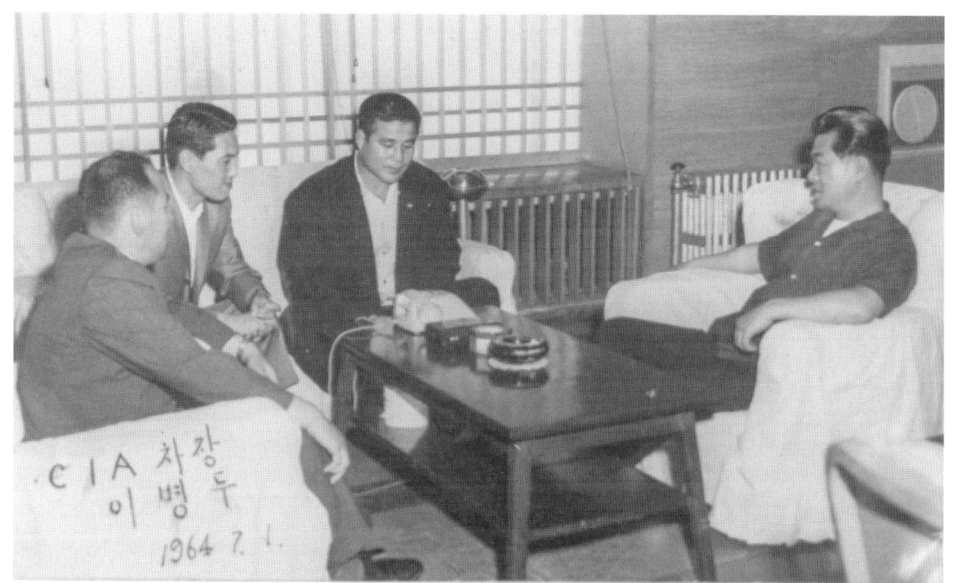

중앙정보부 인사들과의 면담

　김일은 서울에서 중앙정보부와 군 핵심 인사들을 만났다. 그들은 김일이 서양의 거구들이나 일본 선수들을 물리쳐 이기는 모습을 통해 국민에게 기쁨과 자신감을 심어주면 좋겠다고 했다. 국내 프로레슬링 저변 확대와 함께 국민에게 희망찬 볼거리를 제공하는 역할을 해달라는 것이다.

　김일은 한국 정부가 자신에게 무엇을 원하는지 알았다. 전후 일본에서 역도산이 거구의 미국 선수들을 쓰러뜨리는 장면을 선보이며 패전 후 일본인들의 콤플렉스를 달랜 것처럼, 한국 정부도 자신에게 같은 구실을 기대하는 것으로 짐작했다.

　당시 한국은 TV 시대를 맞아 방송에 걸맞은 스타가 필요했다. 게다가 한·일 양국 수교에 관한 막후교섭이 막바지에 이른 상황과 맞물리며 양국을 연결하는 상징적인 스타로 김일이 지목된 것이다. 실제로 당시 중앙정보부와 군 핵심 인사들은 김일에게 일본에서 한·일 관계 정상화를 위해 노력해달라는 말을 여러 차례 했다. 김일은 시대적 상황과 맞물리며 한·일 양국 간의 프로레슬링 가교 역할을 부여받은 것이다.

김일은 그들의 제안에 대해 '긍정적으로 검토하겠다'고 답하고 일본으로 돌아왔다. 고국으로 돌아가 중요한 역할을 하고 싶다는 생각을 뿌리칠 수 없었다. 그렇다고 해서 혼자 섣불리 결정할 문제도 아니었다.

당시 일본에서 최고 전성기를 누리던 터라 활동 무대를 완전히 한국으로 옮기기도 어려웠다. 또 한·일 국교 미수립 상황도 걸림돌이 될 것이었다. 비공식적인 고국 방문 후에도 김일은 일본에서 연일 링에 올랐다. 역도산 제자 3인방인 김일, 바바, 이노키가 벌이는 라이벌전은 흥행 보증수표였다.

그러나 시간이 지나면서 이들 사이도 조금씩 금이 가기 시작했다. 역도산이라는 구심점이 사라진 상황에서는 어쩌면 필연적인 과정이었다.

두 번째 세계 챔피언

역도산의 1주기가 지나고 1965년이 밝아왔다. 이 해는 김일이 프로레슬러 인생에서 새로운 여정을 걷게 되는 해였다.

이 무렵 김일은 마음속으로 점차 한국행 결심을 굳혔다. 귀국 전인 1965년 4월에는 미국으로 날아가 미스터 모토와 다시 조를 이뤄 북미 태그 챔피언십에 도전했다. 1963년 12월에 랩 마스터 콤비가 김일 팀에게 당한 적이 있었기에 미국

레슬러들도 이번엔 김일을 경계했다. 그렇지만 김일의 박치기를 막을 수는 없었다. 그의 해머 박치기가 폭발하면서 경기는 생각보다 싱겁게 끝났다.

1963년 12월 WWA 세계 태그 챔피언 등극 이후 1년 4개월 만에 미국에서 두 번째로 세계 정상급 챔피언 벨트를 땄다. 지난번에는 '운이 좋았을 뿐'이라고 깎아내리던 미국인들도 이번에는 김일의 실력을 인정할 수밖에 없었다.

피범벅 투혼의 나날

김일은 간 김에 미국에서 계속 경기를 치렀다. 그러다가 미국 휴스턴에서 열린 경기에서 세계 헤비급 1위 킬러 카브 콕스와 결전을 벌이다가 크게 다쳤다. 카브

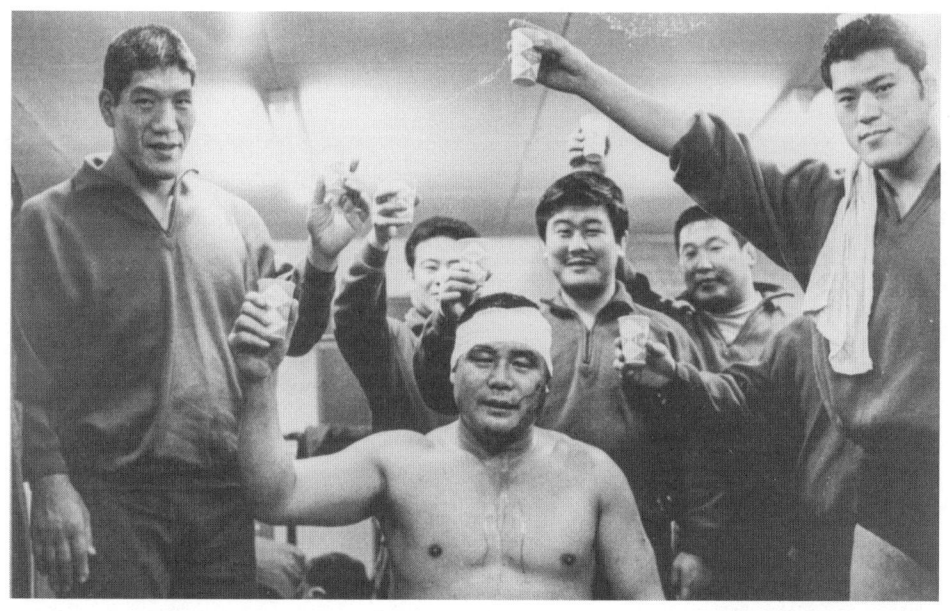

피에 젖은 챔피언 벨트

콕스는 김일의 박치기에 정신이 혼미해지자 병을 들고 와 김일의 이마를 내리찍었다. 병이 깨지면서 김일의 이마도 깨졌다. 24바늘을 꿰맨 큰 상처였다.

머리 상처가 어느 정도 나을 즈음인 4월 말에는 세계 헤비급 챔피언 루 테즈에게 도전했다. '링의 신사'라는 루 테즈도 김일의 박치기에 당하고 패색이 짙어지자 반칙을 썼다. 직접 한 것이 아니어서 단정 지을 순 없지만, 김일이 승기를 잡고 마지막 공격에 들어갈 즈음 링 밖에서 철제 의자가 날아들었다. 마치 겨냥한 듯이 던져진 철제 의자는 정확히 김일의 이마를 직격했다. 김일은 결국 루 테즈의 되치기에 당했다.

결국, 두 경기 모두 반칙으로 당했다. 그런데 경기 이후 김일은 오히려 인기가 높아졌다. 미국 관중은 머리에서 흐른 피가 온몸을 적시는 와중에도 전혀 아랑곳하지 않고 경기를 치르는 김일의 투혼에 큰 감명을 받았다.

경기가 끝나자 김일에게 사인을 받으려는 관중들 줄이 길게 이어졌다. 챔피언을 능가하는 인기였다. 할리우드 스타들까지 만나자고들 할 정도였다.

8년 만의 금의환향

마침내 1965년 6월 10일, 김일이 공식적으로 서울 땅을 밟았다.

비행기 타면 두 시간이면 오갈 수 있는 가까운 거리.

김일에게 꿈만 같던 일이 현실이 되었다.

김일의 금의환향(가두 환영 행진)

김일의 금의환향(귀향 소감)

| 5장 | 현해탄을 오간 풍운의 레슬러

그가 귀국한 후 12일 뒤인 6월 22일에 한·일 간에 국교가 수립되었다.

이를 계기로 프로레슬링만큼은 봄바람이 불었다. 한·일 국교 수립으로 김일은 한국과 일본을 오가면서 경기를 치를 수 있었고, 일본 선수들을 한국으로 초청하는 데도 문제가 없었다. 국교 수립이 이루어지지 않았다면 불가능한 일이다.

꿈에 그리던 고국에 금의환향한 김일은 세계적인 프로레슬러의 면목을 보여주리라 다짐했다. 그의 삶에서 그 어느 때보다 설레는 순간이었다. 그는 선수로서뿐만 아니라 프로모터로서 국내 프로레슬링 흥행을 위한 프로그램을 기획했다.

김일이 제일 먼저 기획한 경기는 극동 헤비급 챔피언 타이틀전이었다. 이 경기를 통해 일본의 중견급 선수들을 한국으로 부르고, 한국 측 출전 선수들도 선발해 큰 경기를 펼치고자 했다. 이름은 '극동' 이라고 했지만, 한·일 대항전이나 마찬가지였다. 한국에서는 김일, 박송남, 장영철, 천규덕 선수가 출전하고 일본에서는 요시무라, 우에노 선수 등이 왔다.

극동 헤비급 초대 챔피언

1965년 8월 11일 서울 장충체육관, 김일은 헤비급 선수들과 일전을 벌였다. 경기 당일이 되자 온 나라가 아침부터 부산했다. 어른 아이 가릴 것 없이 다들 어서 저녁이 되기만을 기다렸다. 동네마다 TV가 있는 데면 일찌감치 사람들로 북적거렸다.

"누가 이길까?"

"보나마나지 뭐. 김일이 지는 것 봤어?"

"일본선수도 잘하던데. 장영철을 이겼잖아."

"아, 이 사람아. 장영철하고 김일하고 비교가 되나. 김일 박치기 한 방이면 다 끝나는 거야."

아이들도 왁자지껄 떠들었다.

"일본선수가 잘한다는데 괜찮을까?"

"그래 봤자 박치기를 누가 당해. 김일이 박치기하려고 폼만 잡아도 벌벌 떨잖아."

"그렇지. 당연히 이기겠지."

"빨리 시작했으면 좋겠다."

경기가 열리는 장충체육관은 사람들로 꽉 찼다. 표를 못 산 사람들이 체육관 밖에서 암표를 찾아 헤맸다.

마침내 링 위에 김일이 등장했다. 이날 김일은 갓과 곰방대가 그려진 멋진 가운을 입었다. 그의 카리스마 넘치는 모습에 체육관의 관중들도 TV 앞의 시청자들도 모두 환호성을 질렀다.

경기가 시작되었다. 1회전에서 김일은 나가사와를 16분 만에, 장영철은 우에노를 14분 만에 폴로 꺾었다. 다음 날의 준결승전에서는 장영철이 졌고 김일은 이겼지만, 일본 선수의 반칙 때문에 아슬아슬했다.

그리고 마침내 결승전이 열렸다. 장영철이 4강에서 탈락하고, 장영철을 누르고 올라온 요시무라를 김일이 상대하는 경기였다.

공이 울리고 경기가 시작되자 일본 선수를 김일이 쫓아가 손바닥으로 가슴팍을 후려치고 로프에 집어던지며 튕겨 나오는 그를 눕혔다.

| 5장 | 현해탄을 오간 풍운의 레슬러

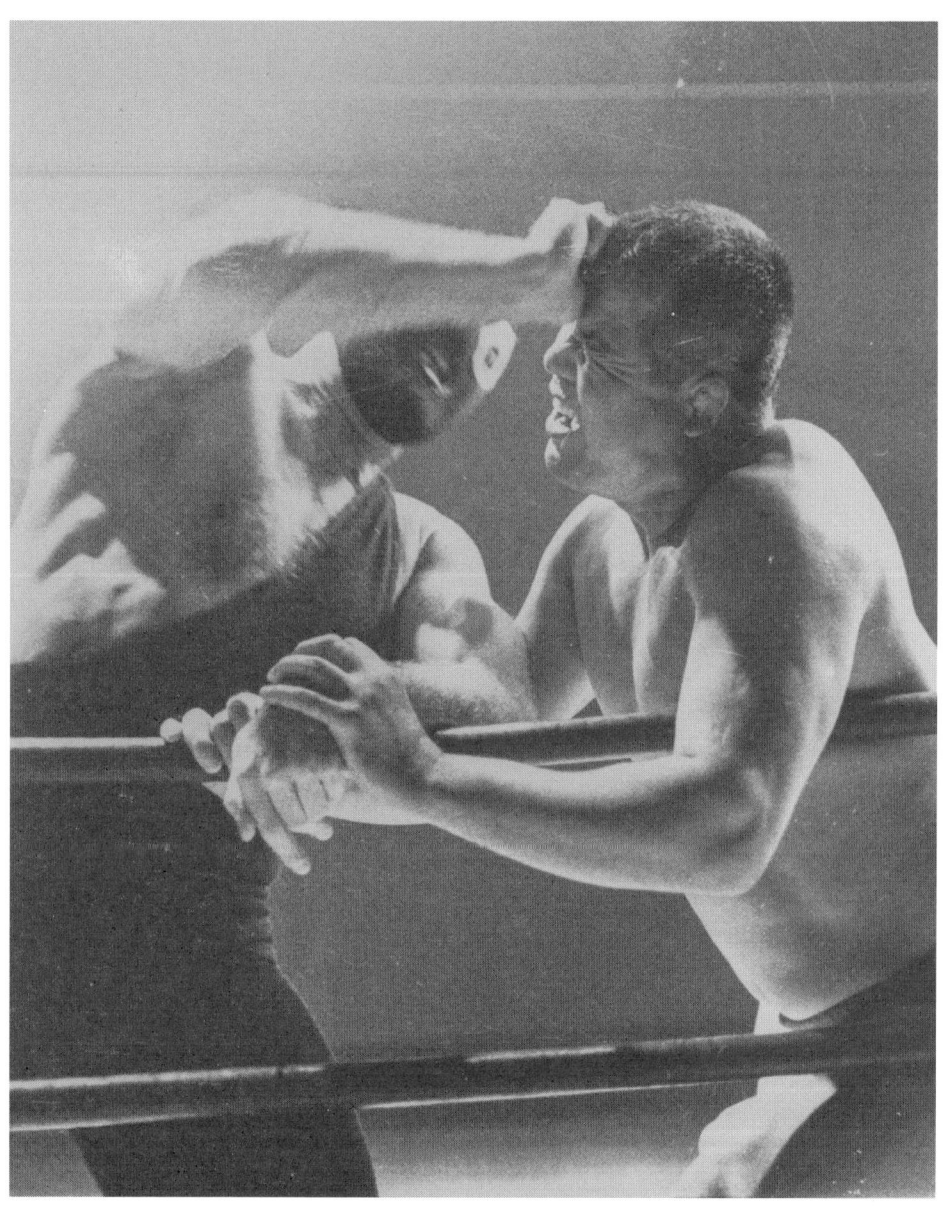

쇳조각으로 김일의 이마를 찌르는 일본 선수

첫 판을 쉽게 이겼지만 둘째 판에서 관중들의 간담이 서늘해졌다. 일본 선수가 팬츠 속에 숨겨둔 쇳조각을 꺼내 김일의 이마를 긋는 반칙을 저질렀기 때문이다. 김일의 이마에서 피가 주르륵 흐르며 얼굴과 가슴까지 흥건하게 적셨다.

장충체육관 관중들의 성난 함성이 높아졌다. 피를 흘리던 김일이 지면서 1대 1이 된 상황.

이마에 반창고를 붙이고 경기를 다시 시작했지만, 일본 선수가 반창고를 뜯어내고 다시 반칙을 저지르면서 피가 더 많이 흘렀다. 선혈이 낭자한 김일의 모습에 체육관에서도 TV 앞에서도 모두 한목소리로 함성을 질렀다.

"박치기! 박치기! 박치기!"

관중의 기대에 부응하듯, 김일은 상대 선수를 붙잡고는 전매특허인 박치기를 본격적으로 퍼붓기 시작했다. 왼쪽 다리를 한껏 올리며 몸을 뒤로 젖히더니 그대로 머리를 박았다. 일본 선수가 나가떨어졌지만, 김일은 쫓아가서 연신 박치기를 했다. 한 방, 두 방, 세 방 그리고 또 한 방.

김일의 얼굴은 온통 피범벅이었다. 일본 선수는 비틀거리다가 링 바닥에 고꾸라졌다. 장충체육관이 날아갈 듯 환호성이 터졌다. 그야말로 흥분의 도가니였다. 김일이 정신을 잃고 쓰러진 상대 선수의 몸 위로 육중한 몸을 던졌다. 심판이 카운트를 시작하자 관중들이 다 같이 한목소리로 함께 외쳤다.

"원, 투, 쓰리!"

일본 선수는 카운트가 끝날 때까지 일어서지 못했다. 김일이 '극동 헤비급 초대 챔피언'에 등극하는 순간이었다.

국민 영웅이 일으킨 레슬링 열풍

반칙을 일삼는 나쁜 일본선수를 정정당당한 박치기로 물리치는 장면.

김일이 펼치는 이 상징적인 경기 장면은 그 시대를 풍미했다. 김일이 박치기를 하는 날엔 온 국민이 시름을 잠시 잊었고, 가슴속에 쌓인 응어리가 풀어지는 듯한 통쾌함을 맛보았다. 그의 앞에선 얄미운 일본 선수도, 덩치 큰 미국 선수도 겁을 먹고 도망 다니는 모습을 보며 모두가 짜릿함을 만끽했다. 김일은 그 시절 고단한 삶을 살던 한국인에게 청량제와도 같았다.

전국에서 김일 열풍이 불었다. 어른들도 아이들도 김일의 박치기를 모르는 이가 없게 되었다. 일본 선수를 박치기로 때려눕히는 장면을 보여준 김일은 그야말로 스타이자 국민적 영웅이 되었다.

어린아이들도 너나없이 방바닥에 이불을 펴놓고 레슬링을 하는가 하면, 어설프게 김일을 흉내 내서 박치기를 하다 서로 울음을 터뜨리는 경우도 허다했다. 나중에는 TV에서 레슬링 중계방송을 할 때 아나운서가 경고해야 했다.

"위험하니 어린이는 따라하지 마세요."

남녀노소 막론하고 김일에 열광하는 관중들

프로레슬링은 쇼가 아니다

미묘한 갈등 속 뜻밖의 사건

　김일은 주말마다 링에 올랐다. 서울 장충체육관은 김일의 경기가 열리는 날이면 늘 만원이었다. 어디고 TV가 있는 데면 김일의 경기를 보려는 사람들로 바글바글했다.

　김일은 더 큰 행사를 개최했다. 1965년 11월 27일에 열린 '5개국 대항 토너먼트'로, 대진표가 흥미진진했다. 김일과 장영철이 1회전에서 둘 다 이기고 4강전에 올라오면 맞대결을 펼치도록 짜였기 때문이다.

　그런데 이날 뜻밖의 사건이 터졌다. 장영철 선수가 일본의 오오쿠마 선수와 일진일퇴 공방전을 벌였는데, 1-1에서 가진 마지막 3판에서 문제가 터진 것이다. 오오쿠마가 장영철에게 새우꺾기(보스턴 크랩) 기술을 걸었을 때였다. 장영철이 항복하든가 오오쿠마가 기술을 풀어야 하는 상황이었지만 둘은 그 상태에서 버텼다. 장영철이 고통을 참지 못하고 비명을 질렀는데도 오오쿠마는 계속 압박을 했다. 장영철의 허리가 나갈 수도 있는 위급한 상황이었다.

　그때 장영철의 제자들이 우르르 링 위로 올라가 오오쿠마를 발로 차면서 저지

했다. 링은 순식간에 아수라장이 되었다. 장영철이 "김일에게 도전장을 던지겠다"고 외치기도 했다. 시합이 30분간 중단되고 관중들은 이게 무슨 상황인지 몰라 어리둥절했다.

다음날 일간지에서는 이날의 일을 대서특필했다.

"난투 벌인 레슬링, 일본 선수에 집단 폭행, 장영철 선수 등 연행!"

프로레슬링은 짜고 치는 쇼?

장영철 선수와 링 위에 난입한 그 제자들이 경찰서에 연행되었다. 경찰은 오오쿠마 선수와 맺은 사전 묵계가 이행되지 않은 데서 발생한 사태인지, 혹은 우리나라 프로레슬링의 대표 선수이던 장 선수와 일본에서 건너온 지 얼마 되지 않은 김일 선수와의 주도권 싸움이 표면화한 것인지를 살펴보는 조사를 했다. 김일이 한국으로 돌아왔을 때, 당시 국내에서 프로레슬링 일인자로 군림하던 장 선수가 김일 선수의 국내 활동을 달갑게 여기지 않았다는 것이었다.

국내 경기에서 불사신의 영웅처럼 보였던 장 선수가 국내 팬들 앞에서 처음으로 패배하는 모습을 보인 반면, 김일 선수는 새로운 국민 영웅으로 떠오른 상황이었다. 일본을 주 무대로 외국에서 활약하다 돌아온 김일. 선수 경력으로는 김일의 후배이지만 국내에서 활약했던 장영철. 두 선수 간의 미묘한 관계에 대해 당시 언론은 '토착과 외래의 주도권 쟁탈전'이라는 자극적인 내용의 기사를 냈다.

당시 장영철은 경찰에 출두해 이렇게 진술했다.

"프로레슬링은 일정 부분 짜놓은 경기를 한다. 그 경기의 승자는 내가 되는 것이었고 일본 선수가 지나치게 행동하면 제자들이 링에 올라오는 것도 미리 이야기된 것이다."

이러한 진술에 대해 경찰은 "그렇게 다 짜고 하는 것이면 쇼 아닌가?"라며 의문을 제기했다. 그리고 이 내용이 기자들에게 새나가면서 '프로레슬링은 쇼'라는 타이틀로 기사가 작성되어 일반에 퍼졌다. 파문은 일파만파로 확대되었다.

눈물의 기자회견

사건 4일 뒤인 11월 1일, 이런 소문이 걷잡을 수 없이 퍼지자 김일은 기자회견을 자청해 눈물까지 흘리며 울분을 터뜨렸다.

"프로레슬링은 결코 쇼가 아닌 스포츠입니다. 쇼라면 미국이나 일본에서 어떻게 생명을 길게 유지할 수 있었겠습니까? 쇼 같은 운동에 10여 년 훈련을 쌓을 필요가 있었겠습니까? 고 역도산 선생께 매를 맞으며 단련받을 이유도 없었을 것입니다."

이후 장영철도 사과하며 화해를 청했다.

"불상사를 일으켜 죄송합니다. 김일 선수와 팬들에게 사과합니다. 김 선수에 도전 운운한 것은 경솔했습니다."

이렇게 사건은 일단락되었다. 언론에서는 '쇼인지 스포츠인지 좀 더 두고 보겠다'는 태도였지만, 이후 국내에서 프로레슬링에 대한 관점은 '쇼다, 아니다' 두 가지로 극명하게 엇갈렸다.

다만, 그 사건 이후 장영철 선수의 존재감은 대중에게서 줄어든 반면, 김일은 대중의 마음을 온통 사로잡은 슈퍼스타로 전국을 순회하며 온 국민의 답답한 가슴을 뻥 뚫어주었다.

고국을 떠나지 않겠다

프로레슬링은 쇼라는 장영철의 발언과 관련한 기자회견에서 '쇼가 아닌 스포츠' 임을 강조한 김일은 "계속 고국에서 프로레슬링을 하겠다"고 밝혔다.

당시 김일은 그동안 일본·미국 등지에서 배우고 익힌 프로레슬링 기술이나 프로모션 능력을 고국에 잘 접목하여 국민에게 기쁨을 주고자 하는 마음이 컸다. 그러나 자신이 의도하지 않은 일들로 오해가 쌓이는 가운데 불미스러운 사건이 터졌고, 그 과정에서 김일이 장영철을 도태시키기 위해 일을 꾸몄다는 소문까지 마치 정설인 것처럼 떠돌았다. 이런 일련의 상황에 김일의 심적 고통이 컸다.

그렇다고 해서 정말로 고국을 떠나버릴 수는 없었다. 그러면 오히려 음모론이 사실인 것처럼 되어버리고 불명예만 뒤집어쓸 수 있었다. 그래서 그것이 김일이 더욱 고국에 남아야 하는 이유가 되었다.

일본에서도 이와 비슷한 '쇼 사건' 이 있었다. 1954년 11월, 일본의 유도 영웅 기무라 마사히코가 "리키 도잔(역도산)의 레슬링은 쇼"라고 떠벌인 것이다. '기무라 신화' 가 살아있을 때여서 그 파급효과는 지대했다.

팬들과 언론의 부추김이 계속되자 역도산과 기무라가 링에 올랐다. 그야말로 쇼가 아닌 진검승부였다. 기무라의 영웅적인 경기를 기대하는 사람들이 많았지만, 경기는 역도산의 완승으로 끝났다. 그와 함께 '쇼 논쟁'은 완전히 사라졌다.

실력으로 잠재운 소문

김일은 기자회견을 통해 오해를 푸는 한편 일본에서 선수들을 데려와 대형 이벤트를 계속 개최했다.

관중들이 다시 경기장으로 몰려들었다. 김일은 역도산이 그랬듯 실력으로 소문을 잠재웠다. 정공법으로 승부를 본 것이다. 난투극 이후 한국 관중이 무섭다며 손사래를 치던 일본 레슬링계도 김일이 적극적으로 나서자 일본의 일류 스타들인 자이언트 바바, 안토니오 이노키, 요시무라 등을 꾸준히 보내 흥행을 도왔다.

한편, 일본 레슬링은 역도산 사후 다소 어지럽게 돌아갔다. 바바와 이노키가 라이벌 시대를 열면서 프로레슬링의 인기가 치솟았는데, 두 스타의 대결은 필연적으로 제3의 인물을 필요로 했고, 그 인물로 제격인 사람이 김일이었다. 역도산의 제자 중 가장 먼저 국제 타이틀을 딴 선수였기 때문이다. 김일은 역도산의 일본프로레슬링협회를 지키면서 그들이 원하는 대로 싸움을 했다.

일본의 유명 선수들이 한국을 찾았듯 김일도 한국 선수들을 데리고 일본에 갔다. 장영철에게 일본 진출을 권유했지만, 그가 한사코 거부하는 바람에 다른 한국 선수들과 호흡을 맞추었다. 김덕, 여건부, 박송남이 초창기 멤버였다. 뒷날 김일이 국내에서 공들여 키운 이왕표 등이 일본에서 경기를 치렀다.

이처럼 김일은 한국, 일본 그리고 미국까지 수시로 오가며 굵직굵직한 대회를 주선하는 한편 직접 경기를 뛰었다.

꿈의 타이틀과 월드 스타

WWA 세계 헤비급 챔피언

한국과 일본에서의 경기만 해도 정신없이 분주하던 시절이었으나 김일은 안주하지 않았다. 일본에서 바바 등과 차별화하고 위상을 더 높이려면 연이어 세계 타이틀을 따는 게 좋겠다고 생각했다. 적어도 미국에서 땄던 2개의 챔피언 벨트와 맞먹는 타이틀이어야 했다.

김일의 역동적인 경기(플라잉 박치기)

이에 김일은 1966년 12월, 처음 미국에서 태그 팀을 이루었던 모토와 호흡을 맞춰 '올 아시아 태그 챔피언'에 도전했다. 경기는 도쿄에서 열렸다. 김일의 경기를 보려는 사람들로 경기장이 미어지는 가운데 김일은 보란 듯이 타이틀을 획득했다.

김일의 역동적인 경기 (가라테춉)

김일의 역동적인 경기 (강력한 공격에 쓰러지는 상대)

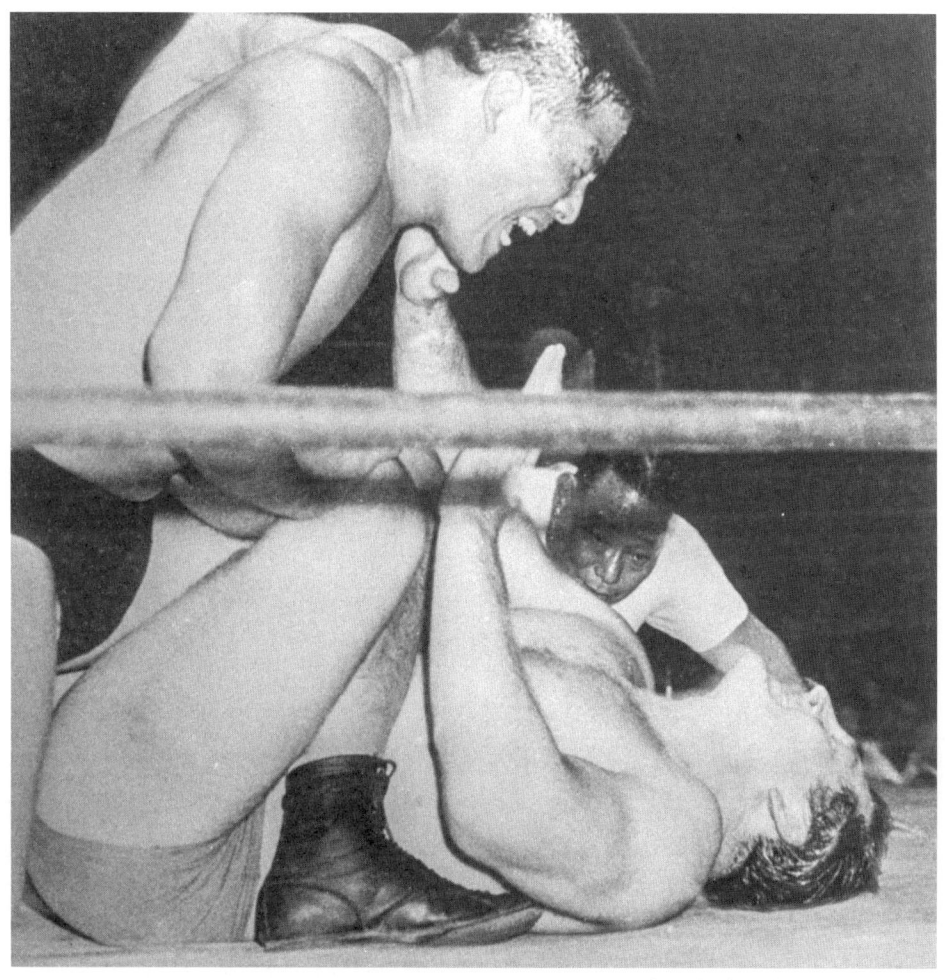
김일의 역동적인 경기(무릎꺾기)

그러나 그것은 시작에 불과했다. 김일의 다음 계획은 WWA 세계 헤비급 챔피언을 따내는 것이었기 때문이다. WWA 세계 헤비급 타이틀은 세계의 모든 레슬러가 선망하는 최고의 타이틀이었다. 당시 챔피언은 마크 루인이었다.

루인은 1937년 뉴욕 태생으로 전성기를 구가했다. 김일보다 여덟 살 어렸지만, 16세이던 1953년에 데뷔해 김일보다 경력은 더 많았다. 1964년 챔피언이 된 이후 무려 8차 방어에 성공했다. 120kg의 거구로 힘이 장사였지만, 화려한 기술을 자랑하는 테크니션이기도 했다. 미국뿐 아니라 호주, 뉴질랜드 등지에서 팬 부대를 몰고 다녔고, 올스타 프로레슬링, 빅타임 레슬링, NWA 미국 헤비급 챔피언, 플로리다와 조지아 챔피언 등을 지낸 최강 레슬러였다.

슬리퍼 홀드(목 조르기)의 달인인 마크 루인의 기술 성공률은 80% 이상으로 김일의 박치기 성공률에 못지않았다. 여러 가지 잔기술은 마크 루인이 김일보다 더 많았다. 1966년 10월 프로레슬링의 레전드 루 테즈, 1967년 3월 복면의 디스트로이를 물리친 세계 최고의 강자여서 김일이 쉽게 감당할 수 있는 상대가 아니었다.

김일은 이런 루인을 서울로 불러들여 시합을 할 계획이었다. 우선 관계자들을 통해 소문을 냈다. 대전료 등 자금 문제를 해결해줄 큰 손이 필요했기 때문이다. 챔피언전의 대전료는 8만 5천 달러. 엄청나게 큰돈이다. 1년 전 김기수가 세계 프로복싱 챔피언 벤베누티를 불러올 때의 개런티 5만 5천 달러보다 3만 달러나 많았다. 액수는 훨씬 컸지만, 프로레슬링이니 김일의 인기를 고려하면 감당하지 못할 금액은 아니었다.

그때 크라운맥주가 후원자로 나서며 가장 큰 난제가 풀렸다. 그다음은 일사천리로 진행되었다. 마크 루인의 의중을 떠보자 루인 측은 "김일의 박치기가 무섭다는 걸 알고 있지만, 박치기 할 틈도 주지 않고 김일을 잡을 수 있다"며 흔쾌히 도전을 수락했다.

세기의 대결, 전 세계에 떨친 이름

1967년 4월 29일 장충체육관.

김일의 WWA 세계 헤비급 챔피언 도전 소식은 언론에도 대서특필되었다. 후원사인 크라운맥주는 자사 광고와 김일, 마크 루인의 사진이 실린 포스터 수천 장을 서울 시내 곳곳에 붙였다.

"세계 프로레슬링 챔피언 쟁탈전, 4월 29일 하오 7시 장충체육관, KBS TV 전국 독점 중계, 크라운 맥주 제공!"

오후에 접어들면서 장충체육관 앞은 인산인해였다. 입장권은 일찌감치 동이 났지만, 혹시 암표라도 있을까 싶어 나온 사람들과 물건 파는 행상들로 넘쳐났다. 독점 중계권을 따낸 KBS 중계차도 미리 자리 잡았다.

경기장 관람을 할 수 없는 사람들은 TV가 있는 데를 찾아 일찌감치 자리를 잡았다. 드디어 마크 루인과 김일의 WWA 헤비급 타이틀전. 김일이 링에 오르자 중계 아나운서도 흥분한 기색을 감추지 못했다. 장충체육관은 함성으로 뜨겁게 타올랐고 온 국민의 귀와 눈이 라디오와 TV로 쏠렸다.

"고국에 계신 동포 여러분 안녕하십니까. 여기는 대한민국 수도 서울의 장충체육관입니다. 지금부터 대한의 건아, 화랑의 아들 김일 선수의 WWA 세계프로레슬링 헤비급 챔피언 쟁탈전을 중계 방송해 드리겠습니다."

경기가 시작되자 김일보다 덩치가 훨씬 더 크고 젊은 루인이 여유롭게 입장해 경쾌하게 움직이며 김일을 상대했다. 루인은 특기인 슬리퍼 홀드, 김일은 새우꺾기 등으로 한 판씩 가졌다. 그렇게 1-1에서 마지막 3판이 남았다.

루인이 힘을 앞세워 김일을 메다꽂았다. 로프 반동을 이용, 김일을 거칠게 밀어 넘겼다. 그러자 주춤했던 김일이 일어서며 역습했다. 씨름 기술에서 응용한 발걸이로 완벽하게 넘긴 후 재빨리 기무라 록을 걸었다. 제대로 걸렸으나 루인이 힘을 다해 빠져나갔다. 루인은 용케 빠져나갔지만, 김일의 가슴팍 수도치기에 다시 나가떨어졌다. 그는 그때쯤 점점 기진맥진한 상태였다.

　관중들도, TV 앞에 모여 앉은 전국의 시청자들도 상황을 읽고 있었다. 이제는 박치기 타임이었다. 모두 체육관이 떠나가라 외쳤다.

　"박치기! 박치기! 김일! 김일!"

　그때 김일이 사전 동작 없이 갑자기 그대로 박치기를 날리자 루인이 뒤로 벌러덩 자빠졌다. 손사래를 치며 일어서는 루인의 머리를 잡고 김일이 왼발을 들어 올리며 허리를 한껏 뒤로 젖혔다. 김일의 트레이드마크 '원폭 박치기'가 작렬했다. 한 방, 그리고 또 한 방, 충격을 견디지 못한 루인이 세 번째 박치기 때 링 밖으로 굴렀다.

　루인은 카운트 텐 직전에서 다시 올라오려고 했지만, 다시 링 밖으로 나뒹굴었다. 김일의 마무리 원폭 박치기가 터진 것이다. 33분 40초였다. 이로써 김일은 대한민국 최초로 프로레슬링 세계 헤비급 23대 챔피언에 등극했다.

　1개월 뒤 김일은 미국에서 열린 리턴 매치에서 마크 루인을 다시 한 번 물리치며 1차 방어에 성공했다. 그러나 상대가 면도칼로 이마를 긋는 반칙을 쓰는 바람에 피투성이가 되었다. 그런 처절한 상황 속에서도 김일은 다시 박치기를 작렬, 루인을 통쾌하게 쓰러뜨렸다. 주심이 김일의 팔을 번쩍 들어올리자 체육관을 찾았던 교포들은 눈물을 흘리며 애국가를 불렀다.

도전은 영원한 숙명

WWA 세계 헤비급 챔피언을 계기로 김일은 역도산(리키 도잔)의 이름을 계승한 '리키 2세'라는 링네임으로 일본 링에 서게 되었다. 이는 김일이 역도산의 정통 후계자가 된다는 뜻이자, 일본 프로레슬링을 좌지우지하던 바바나 이노키가 김일의 휘하에 들어간다는 뜻이다.

하지만 김일은 '리키 2세'라는 링네임을 제대로 써보지는 못했다. 얼마 지나지 않아 치러진 미국 원정경기에서 적수로 생각지도 않았던 마이크 디바이시에게 패배하면서 타이틀을 잃은 데다가 일본에서는 김일이 일본 선수 위에 군림하는 것을 노골적으로 싫어했기 때문이었다.

내리막길을 걷던 디바이시에게 김일이 패한 것은 이변이었다. 이로 인해 음모론까지 떠돌았다. 김일이 '리키 2세'로 화려하게 돌아오는 것을 원치 않던 일본 프로레슬링계가 김일을 지게 했다는 소문이었다.

쓸쓸한 귀국길, 날아가버린 타이틀이 못내 아쉬웠다. 스승의 이름을 계승하는 '리키 2세'라는 링네임도 쓰지 못하게 되었다. 그러나 김일은 포기하지 않았다. 도전은 언제나 김일의 숙명이었고, 포기는 바로 레슬러 김일의 죽음이었기 때문이다.

김일의 링은 다양했다.

이노키나 바바 등의 프로레슬러들은 주로 미국·일본 두 곳만 오갔지만, 김일은 기본적으로 한 곳이 더 있었다. 바로 고국인 한국이었다.

그야말로 동에 번쩍 서에 번쩍이었다. 이번 주 일요일에 장충체육관에서 경기하더니 며칠 후에는 도쿄에 있고, 그다음에는 미국에서 경기하는 식이었다.

1968년 4월 WWA 헤비급 타이틀을 잃은 김일은 11월에 '올 아시아 헤비급 타이틀'에 도전했다. WWA보다는 급이 떨어지지만 도전할 만한 가치가 있다고 여겼다.

챔피언은 킬러 오스틴이었다. 김일의 적수가 되기엔 많이 부족했다. 챔피언 쟁탈전이었지만 국내 복귀전을 겸한 김일의 이벤트 경기였다. 김일이 간단하게 완승, 챔피언에 올랐다. 이후 김일은 이 타이틀을 6차례 방어한 후 자진 반납했다.

서울 경기를 마친 김일은 이내 일본으로 갔다. 12월 4일부터는 일본 프로레슬링 챔피언 시리즈가 진행되고 있었다.

항상 긴장되고 어려운 링이지만 김일에게는 어려운 경기가 아니어서 비교적 가벼운 마음으로 링에 올랐고 결정적인 순간 박치기를 날렸다. 경기가 곧 끝나는 상황이었다. 그러나 박치기에 당한 버나드가 몽둥이를 들고 링 안으로 뛰어들었고, 그 몽둥이로 김일의 머리를 내리치는 바람에 이마와 귀가 찢어지는 상처를 입었다. 전치 3주의 제법 심한 부상이었으나 김일은 아랑곳하지 않았다.

김일은 일주일 후 또 다른 경기에서 가볍게 승리했다.

불혹의 나이, 꺼지지 않는 투혼

1968년이 가고 1969년이 왔다. 김일의 나이 40세. 링 생활도 어느덧 10년이 넘었다. 그동안 김일은 1,500여 회의 경기를 치른 가운데 8개의 타이틀을 거머쥐었다. 그러고도 불혹의 나이에 여전히 링에 올랐다.

이제는 승부를 떠나 링에 오르는 것 자체가 대단한 승리였다. 힘든 여정이었으나 김일은 여전히 굵직한 경기를 치르면서 존재감을 알렸다.

무승부로 끝난 1970년 6월 J 뱅크와의 NWA 세계 헤비급 타이틀 매치, 1971년 7월 반칙왕 프레디 블래시에게 선혈이 낭자하도록 물어뜯긴 끝에 박치기로 이긴 혈투, 그리고 김일 레슬링 역사를 한 차원 끌어올린 1972년 12월의 인터내셔널 헤비급 타이틀전도 있었다.

김일은 한순간도 안주하지 않았다. 프로레슬러로서의 투혼을 그야말로 온몸으로 실천했다.

거금도의 전깃불

김일이 고국으로 와서 통쾌한 박치기를 선보이며 전 국민의 시름을 풀어주는 국민 영웅으로 자리매김했을 무렵, 김일의 고향인 전남 고흥군의 거금도에도 큰 변화가 생겼다.

김일이 나고 자란 섬 거금도는 육지에서 멀리 떨어진 오지였다. 지금은 소록도와 거금도를 잇는 연륙교로 쉽게 오갈 수 있지만, 예전에는 녹동항에서 뱃길을 한참 달려야 갈 수 있었다.

거금도 주민들은 농사를 짓는 한편 바다 일까지 하면서 바쁘게 살았다. 김일도 청년 시절 바다 일을 하면서 자연스레 여수항까지 갔다. 그곳에서 '잡지 속 역도산'을 만나면서 프로레슬러의 꿈을 꾸게 되었다.

섬 청년이 밀항선을 타고 현해탄을 건넌 지 10년여가 지난 1968년 11월, 프로레슬링 스타가 되어 고국에 돌아와 장충체육관에서 킬러 오스틴을 꺾고 아시아 헤비급 챔피언에 올랐다. 역도산 사후 5년 만이었다. 이후 김일은 이 타이틀을 13차례나 방어했다.

당시 박정희 대통령도 그 경기를 지켜보았다. 김일의 팬이자 후원자였던 박 대통령은 김일이 챔피언에 등극하자 청와대로 직접 초청해 축하의 자리를 마련해 손수 고기를 구워주기까지 했다. 그 자리에서 박 대통령이 김일에게 소원이 뭐냐고 물었다. 대통령의 갑작스러운 질문에 주춤하던 김일은 이내 이렇게 대답했다.

"제 고향 거금도에 전기가 들어왔으면 좋겠습니다."

당시 시골 마을의 최고 바람은 호롱불에서 해방되는 것이었다. 김일의 고향도 전기가 들어오지 않았는데, 제주도를 제외하고는 어느 섬에도 전기가 들어오지 않던 때였다.

거금도의 최고 특산품은 김을 비롯한 수산물이다. 김일은 호롱불 아래 힘들게 김발을 짜고 있을 고향 사람들을 떠올렸다.

"섬에 전기가 들어오면 어민들 수익 증대에 도움이 될 것 같다"고 덧붙였다.

그의 대답에 대통령은 그 자리에서 비서관을 불러 알아보라고 지시했다. 그 직후 정말로 거금도에 전기공사가 시작되었다.

1968년 겨울, 제주도에 이어 두 번째로 거금도에 전기가 들어왔다. 침침한 호롱불 대신 환한 전깃불이 섬을 밝혔다. 김일로 인해 '낮처럼 밝은 밤'을 선물 받은 고향 사람들은 김일에게 '면민의 상'이라는 감사패로 고마움을 전했다.

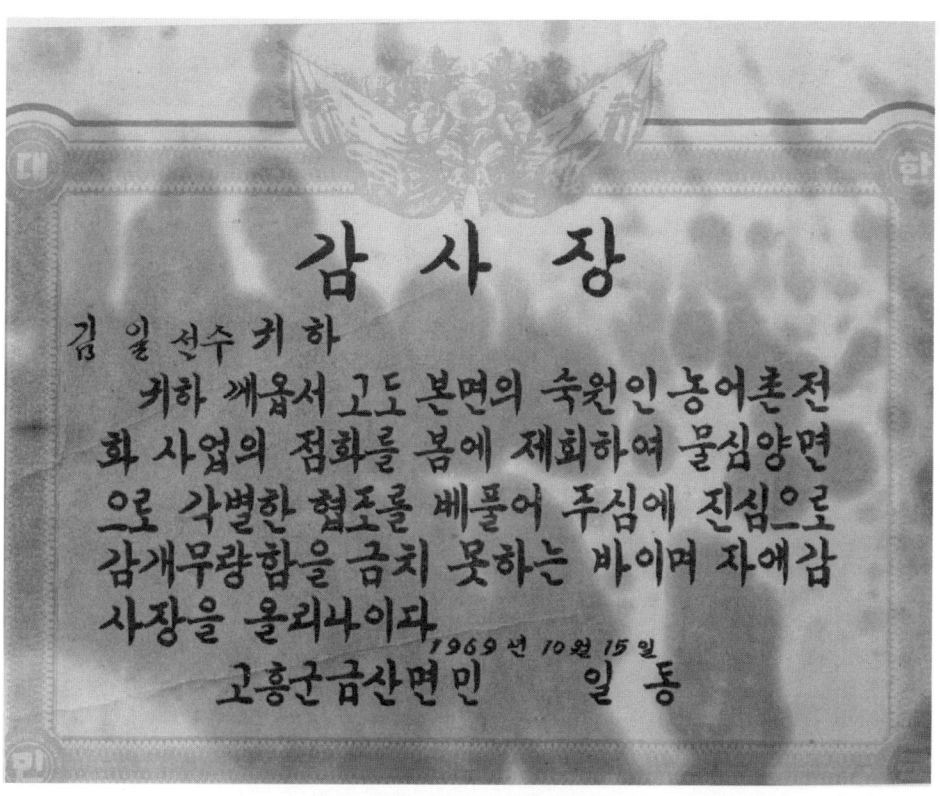

김일 덕분에 전기의 혜택을 일찍 누린 고향 사람들이 준 감사장

| 6장 |

마지막 불꽃

김일의 허리에 그동안 염원했던
인터내셔널 헤비급 챔피언 벨트가 채워졌다.
히로시마 체육관을 가득 메운 관중들은
원폭 박치기의 제왕 김일에게 뜨거운 함성을 보냈다.
43세 황혼의 레슬러 김일은 이로써 3관왕이 되었다.
3관왕의 대미를 장식한 인터내셔널 헤비급 챔피언
등극으로 날개를 달았다.

아직은 은퇴할 때가 아니다

스승의 손때 묻은 타이틀

1972년, 김일은 어느덧 43세가 되었다.

젊은 선수들은 은퇴할 나이라고 했지만, 김일은 아직 인정하고 싶지 않았다. 시작부터 워낙 혹독하게 단련한 터라 아직도 체력이라면 자신 있던 데다 선수 연차로는 15년도 채 되지 않았다.

김일은 계획이 있었다. 1972년을 NWA 인터내셔널 헤비급 챔피언이 되는 해로 정했다. 이것은 초대 챔피언이던 역도산이 죽을 때까지 애지중지한 타이틀이다. 역도산은 단 한 번도 타이틀을 내주지 않았고 19차례나 방어했다.

역도산 사후 봉인되었으나 바바가 일본프로레슬링협회 길을 이으면서 봉인을 푼 후 챔피언이 되었다. 바바도 루 테즈 등을 꺾고 타이틀을 지키고 있다가 협회의 적을 바꾸면서 자진 반납, 일시 봉인에 들어갔다.

김일은 스승의 손때가 묻은 그 타이틀만은 무슨 일이 있어도 따야겠다고 굳게 마음먹었다. 나이를 고려하면 마지막 챔피언 벨트가 될 수도 있었다.

김일은 경기를 줄이고 훈련에 몰두했다. 카리버시 허리케인을 누르고 챔피언 결정전 출전 자격을 따냈다. 챔피언 결정전 상대는 보보 브라질. 동서양의 박치기왕이 중요한 타이틀을 걸고 정식으로 충돌하게 되자 일본 언론은 김일을 영웅화하는 기사를 해일처럼 쏟아냈다.

"일본의 원폭 박치기인가. 미국의 해머 박치기인가?"

위력은 김일의 원폭 박치기가 강했으나 체격 조건은 보보가 김일을 훨씬 능가해 결과를 예상하기 어려웠다.

황혼의 레슬러, 3관왕 달성

김일은 특별 이벤트까지 펼쳤다. 황소를 상대로 헤딩 훈련을 하는 모습을 연출한 것이다. 도쿄 스포츠 신문기자가 태백산까지 동행해 김일의 사진을 찍고 기사를 썼다. 김일이 800kg 나가는 황소에게 헤딩 자세를 취하는 사진을 싣고 해설 기사를 붙였다.

"한국의 맹호 김일이 머리 단련을 위해 황소에게 특기 기술인 원폭 박치기를 꽂아 넣는다."

김일은 황소의 양쪽 뿔을 잡고 밀어붙이며 박치기를 하는 장면을 선보였다. 물론 실제로 황소에게 박치기를 한 것은 아니고, 황소를 눕힐 정도로 머리 단련을 하고 있음을 강조한 일종의 쇼맨십이었다.

그러한 이벤트까지 하며 대중의 관심을 유도한 김일은 맹훈으로 몸을 완벽하게 만든 후 1972년 12월 4일 히로시마 링에 올랐다.

보보 브라질은 몸집이 육중하고 키도 김일보다 한 뼘은 더 컸다. 그러나 첫 박치기에서 김일은 자신이 더 강하다고 판단했다. 조금이라도 강하다면 밀어붙여야 하는 법. 한 번, 두 번, 세 번, 계속해서 박 터지는 소리가 났다. 머리의 싸움이면서 참을성의 싸움이었다.

보보가 무너졌다. 머리를 감싸는 동작, 그건 머리 싸움에서 졌다는 표시였다. 김일은 한 번 더 밀어붙였다. 경기를 끝내기 위한 마무리 박치기였다. 경쾌한 소리가 들렸다. 김일은 자신이 이겼음을 바로 알아차렸다.

스승 역도산이 사랑했던 그 타이틀을 스승 사후 9년 만에 손에 넣었다. 타이틀이 주는 무게감보다 몇 배나 강한 느낌, 동질감이 느껴졌다.

김일의 허리에 그동안 염원했던 인터내셔널 헤비급 챔피언 벨트가 채워졌다. 히로시마 체육관을 가득 메운 관중들은 원폭 박치기의 제왕 김일에게 뜨거운 함성을 보냈다.

43세 황혼의 레슬러 김일은 이로써 3관왕이 되었다. 전부터 지니고 있던 태평양 헤비급 챔피언 벨트, 그리고 6개월여 전엔 사카구치와 함께 태그 조를 편성해 공석 중인 인터내셔널 태그 챔피언 벨트를 차지했다. 바바와 이노키가 보유했던 것이었으나 그들이 협회를 새로 만들어 빠져나가면서 남겨진 타이틀이었다. 그리고 3관왕의 대미를 장식한 인터내셔널 헤비급 챔피언 등극으로 날개를 달았다.

후예 양성과 숨겨온 고통

프로레슬링 전용 체육관

 1972년, 김일의 다큐멘터리 영화 〈철두(鐵頭)의 혈전(血戰)〉이 상영되었다. '철두'는 김일의 강철 이마를 뜻했다.
 김일의 경기 장면으로 구성한 이 영화는 당시 서울의 아세아극장을 비롯하여 부산, 대구, 인천, 대전, 전주, 광주, 원주 등 전국에서 동시 개봉되어 상당한 관객을 끌어모았다.
 박치기 쾌남아인 김일의 일본 원정기를 그린 영화 포스터는 다음과 같이 출연자를 알렸다.
 "금발의 악마 죠니 바렌타인, 검은 마신 보보 브라질, 석두 알메나드, 정체불명의 백복면 미스타 레슬링, 전 유엔 챔피언 킹 크로, 무서운 힘의 소유자 보비 단캄, 자이안트 마장 吉村道明(길촌도명)!"
 김일의 단독 경기가 주를 이루었지만, 국내에서도 인기 높던 자이언트 바바, 안토니오 이노키 등과 편을 이루어 싸우는 태그 경기도 있었다.
 1972년은 서울 정동에 '김일체육관'이 건립된 때이기도 했다. 역도산이 도쿄에 리키 스포츠 센터를 세웠듯이 프로레슬링 전용 체육관을 짓고자 했다. 정부로부터 3억 5천만 원이라는 거액의 건립 자금을 받고 김일 자신의 돈도 보탰다.

당시 김일체육관은 장충체육관에 버금가는 수준급 실내체육관이었다. 개관 기념 경기도 펼쳤다. 세계적인 스타 레슬러 데스트로이어 선수를 상대로 김일은 60여 분간의 혈투 끝에 승리해, 체육관을 가득 메운 3천여 관중을 즐겁게 했다.

수제자 이왕표

전용 체육관 개관 후에는 문하생도 뽑았다. 1975년, 일간 스포츠 신문에 모집 광고를 내자 당시 프로레슬링과 김일의 인기를 증명하듯 하루 만에 100여 명의 지원자가 몰려들었다.

지원 조건은 '키 180cm, 체중 80kg 이상'이었다. 7일간의 선발 과정을 통해 최종적으로 10명을 뽑았다. 김일의 친동생 김광식, '역발산'이라는 별명으로 유명한 양승휘, 임대수 그리고 김일의 수제자이자 김일 은퇴 후 한국 프로레슬링 중흥을 이끈 이왕표 등이 그들이었다.

당시 이왕표는 체격 조건에서 미달이었으나 김일은 의지가 살아있는 그의 눈빛을 보고 선발했다. 김일은 자신이 역도산에게 배운 대로 문하생들을 훈련했다. 훈련 강도가 혹독했고 매질도 심했다.

"맞기 위해 레슬링을 배우러 온 것이 아니다"라며 그만둔 문하생이 있을 정도였다. 그러나 김일이 그러한 방식을 고수한 이유는 얻어맞는 데 익숙하지 않으면 링에 올라갔을 때 큰 사고로 이어질 수 있기 때문이었다.

수제자 이왕표는 2년간의 혹독한 훈련 후 1977년 장충체육관에서 데뷔전을 치렀으나 졌다. 이후로도 내리 스무 번을 졌다.

그가 첫 승을 올린 것은 일본 오사카에서 열린 첫 국제경기였다. 첫 승을 올린 후부터 이왕표는 연승 행진을 벌였다. 김일은 이왕표와 함께 태그팀을 구성해 출전하기도 했다. 그는 야성적인 몸놀림으로 '플라잉 재규어'로 불리며 일본에서도 인기를 끌었다.

훗날 이왕표는 스승 김일의 쓸쓸한 말년까지도 존경심으로 지켰다. 김일이 일본에서 투병 생활을 하다 돌아오는 귀국 때도, 일본 은퇴식 때도 함께했다. 훗날 김일의 임종도 지켰다. 이왕표는 자신을 혹독하게 담금질한 스승 김일의 눈물을 가장 가까이서 지켜보았다. 김일이 은퇴하고 사망할 때까지 한국 프로레슬링을 지켰고, 한국프로레슬링연맹 대표도 지낸 산 역사였다. 김일도 나중에 자신이 아끼던 가운을 그에게 물려주었다. 김일에게 이왕표는 단순한 수제자 그 이상이었다.

●

역사의 뒤안길로

1980년 전두환 정권이 들어서면서 김일체육관은 문화방송에 귀속되어 문화체육관으로 바뀌었다.

박정희는 프로레슬링을 좋아하고 후원했으나 전두환은 프로레슬링을 좋아하지 않았다. 김일은 1970년대 중반 박 대통령이 TV로 프로레슬링을 시청하고 있는데 당시 경호실에서 근무하던 전두환이 "각하, 저건 쇼인데 왜 그렇게 열심히 보십니까?" 하고 말했다가 핀잔을 들었다는 이야기를 들었다. 전두환 정권의 스포츠는 프로레슬링 대신 프로야구, 프로축구, 씨름으로 바뀌었다.

문화체육관으로 바뀐 김일체육관은 이후 스포츠 경기장이나 공연장으로 활용되다 2007년에 역사의 뒤안길로 사라졌다.

머리가 깨지는 한이 있어도

김일은 현역으로 뛰는 내내 진화를 거듭했고, 쇼맨십도 뛰어났다. 프로레슬러들에게는 쇼맨십도 매우 중요하다. 선수들은 링 아나운서가 입장 멘트를 날리면 독특한 제스처로 링에 오른다. 토끼처럼 로프를 잡고 뛰어오르는 선수, 로프를 앞뒤로 잡아당기며 마치 힘자랑하듯 올라오는 선수, 펄쩍펄쩍 뛰면서 자신을 어필하는 선수, 주먹으로 상대방을 가격하겠다는 몸짓을 하는 선수 등 각양각색이다.

김일의 제스처는 오른손을 드는 간단한 동작이었다. 파이팅의 의미와 승리하겠다는 의지의 표현이었다. 소개가 끝나면 이마를 한 번 만진 후 링을 가볍게 돌았는데, 시선은 상대 선수를 향했다. 이윽고 가운을 벗어 휙 던지고, 목에 건 수건도 멀리 던졌다. 김일의 이런 간단한 몸짓에 경기장은 열광의 도가니가 되곤 했다.

김일을 어필하는 또 하나의 대표적인 이미지는 삭발한 머리였다. '박치기왕'이라는 타이틀이 생기면서 김일은 머리를 아예 삭발했다. 머리가 길면 경기를 할 때 거추장스러울뿐더러 박치기에 당한 상대가 보복으로 머리카락을 잡아당기기도 해서 아예 머리를 빡빡 밀어버린 것이다.

경기 때마다 김일의 이마에서는 피가 났다. 경기를 끝낸 후 습관적으로 머리를 만질 때 손에 피가 묻지 않으면 '내가 오늘 경기를 덜 했나?' 생각할 정도였다. 김일에게는 자기만의 법칙이 있었다. 상대에게 먼저 공격당했을 때 한 번 맞고서는 절대 넘어지지 않는다는 것이었다.

'맞는 데 이골이 난 내가 겨우 한 대 맞고 쓰러진다면 말이 되겠는가!'

박치기왕의 숨겨온 고통

김일이 은퇴하기까지 평생 치른 경기는 3,000회에 이른다. 경기 때마다 평균 10번씩 박치기를 했으니, 정식 경기에서만 평생 3만 회 이상의 박치기를 한 셈이다. 연습까지 합치면 5만 회는 거뜬히 넘을 것이다. 그러니 후유증이 없을 수 없다.

한창때이던 1962년 가을, 김일의 박치기가 일본 전역에서 맹위를 떨칠 무렵 김일은 극심한 두통을 앓다가 기절까지 했다. 경기장에서는 멀쩡하다가 라커룸에 들어오자마자 골이 쪼개지는 통증이 오곤 했다. 그렇게 온 통증은 숙소에 와서도 좀처럼 가시지 않고 열까지 났다.

이노키가 수건에 물을 적셔 김일의 이마에 올려주고 마사지도 해주었지만, 김일은 잠도 제대로 잘 수 없었다. 머리만 아픈 것이 아니라 등과 다리에도 통증을 느꼈다. 평소와 통증의 차원이 달랐다. 도무지 견딜 수 없는 통증이었다.

그래서 스승 몰래 병원에 갔더니 목 뒤쪽 뼈에 세 개나 금이 갔고 머리뼈도 유리처럼 금이 갔다고 했다. 의사는 혀를 차며 말했다.

"오오키 씨! 이 몸으로 박치기를 했어요? 당신 박치기 더 하면 앞으로 식물인간 됩니다. 당장 그만두셔야 합니다."

이 상태로 박치기를 했다는 건 의학계에 보고할 만한 사례라고 하며 믿을 수 없다는 표정으로 고개를 절레절레 저었다.

"정말 아프지 않았습니까? 당신 정말 참을성이 강합니다."

무조건 입원 치료를 받고 깁스도 해야 한다는 의사의 말은 김일에겐 소용없었다. 생전에 김일은 '(머리가) 아프지 않냐'는 질문을 제일 많이 받았다. 훗날 김일의 고백이다.

"그들이 왜 그렇게 묻는지 다 알죠. '머리도 단련하면 단단해져서 정말 안 아플지도 모른다'고 생각하는 사람 반이고, '아무래도 아플 것인데 참는다'고 생각하는 사람 반이었습니다. 처음 그런 질문을 받을 땐 별말 없이 그냥 지나갔어요. 알아서 생각하라는 것이었어요. 그러다가 좀 지나선 '아프지만 참는다'는 식으로 대답했지요. 머리를 많이 단련해서 생각보다는 덜 아프다는 식이었습니다. 하지만 그렇지 않아요. 박치기를 시작한 뒤 머릿속에선 늘 종소리가 들렸어요. 단련은 되었지만 단련되지 않은 아픔은 늘 있었습니다. 말년에는 진통제 없이 보낸 날이 단 하루도 없었어요."

사람들은 김일이 은퇴 후 병마와 싸우는 모습을 보며 분명히 박치기 후유증 때문일 것으로 짐작했다. 기억상실이나 치매 증상은 없었지만, 오래전 머리뼈에 금이 간 후 여러 후유증이 그를 괴롭혔다.

누가 머리에 손을 대도 민감한 반응을 보이며 고함을 지르거나 신경이 날카로워지곤 했다. 머리가 자주 쑤시고, 벌이 머릿속에 들어간 듯 '웽~' 하는 소리가

| 6장 | 마지막 불꽃

들렸다. 띵하고 속이 메스껍기도 했다.

김일은 수만 번의 박치기를 하며 살아온 자신이 멀쩡히 살아있다는 것이 오히려 신기하다고 했다. 아무리 단단한 바위도 수만 번 충격을 가하면 쪼개지게 마련인데, 사람의 머리에 수만 번의 충격을 주며 30년간 경기를 했다. 그러고도 살아있는 것 자체가 기적이다.

영웅의 강렬했던 황혼

따로 또 같이

고국에 돌아온 김일이 선풍적인 인기를 끈 것은 선수 인생에서 중요한 변곡점이 되었지만, 일본에서는 인기의 중심에서 밀려나는 아픔을 겪어야 했다. 역도산 사후, 한국인이라는 이유로 일본 프로레슬링에서 배척받은 것이다.

바바, 이노키, 김일. 역도산의 문하생으로 만나 '세 마리 용'으로 불리던 세 선수는 역도산이 이룬 일본 프로레슬링 흥행을 이어받은 삼인방이었지만, 역도산 사후에는 조금씩 다른 길을 걸었다.

역도산 사후 전일본프로레슬링협회를 창설한 자이언트 바바, 신일본프로레슬링협회를 만든 안토니오 이노키, 역도산의 일본프로레슬링협회를 이어받으며 대한프로레슬링협회를 강화한 김일. 역도산에 대한 의리가 깊었던 김일은 역도산의 일본프로레슬링협회를 지키고자 했던 반면, 바바와 이노키는 각자 자신의 협회를 만들어 분열되었다.

하지만 주도권 싸움을 하던 이노키와 바바는 각각 한계가 있었다. 바바의 전일본프로레슬링협회는 방송을 끼고 있었지만, 흥행이 되는 선수가 바바 외엔 없었다. 그리고 이노키의 신일본프로레슬링협회는 이노키의 상품성으로 흥행은 되었지만, 방송권이 없었다.

역도산 문하의 대표 제자들(앞줄 오른쪽이 김일)

그들은 자신들의 입지를 굳히기 위해 인기와 실력을 겸비한 넘버 투가 필요했는데 그 적임자는 아무래도 역도산의 일본프로레슬링협회를 이어받은 오오키 긴타로, 즉 김일이었다. 김일로서도 일본에서 화려하게 컴백할 계기를 마련하고자 했는데, 그것은 바바나 이노키와 승부를 겨루는 것이었다.

승패를 넘어선 우정

1974년 2월, 김일이 언론을 통해 바바와 이노키에게 도전장을 던지자 언론은 이들의 빅 매치를 기대하며 경쟁심을 부추겼다. 먼저 이노키가 김일의 도전에 응하면서 안토니오 이노키 대 김일의 NWF 세계 헤비급 타이틀 매치 경기가 1974년 10월에 일본에서 열렸다.

당시 김일은 45세의 중년인데 김일보다 14세 어린 이노키는 그야말로 한창때였다. 김일의 박치기가 열 번 넘게 이어지며 이노키의 이마에 피가 낭자했지만 젊은 이노키는 투지로 맞받았고, 결국 13분 만에 이노키의 승리로 경기가 끝났다. 이때 김일은 선혈이 낭자한 채 서 있는 이노키를 와락 끌어안으며 축하했고 이노키도 머리를 맞대며 뜨겁게 김일을 안았다. 한동안 등 돌리고 지냈던 김일과 이노키가 끌어안고 눈물을 펑펑 쏟아내는 이 장면은 일본 프로레슬링 팬들에게 잊지 못할 장면으로 남았다.

두 선수는 5개월 후인 1975년 3월, 서울에서 열린 국제 프로레슬링 오픈 시리즈에서 다시 한 번 맞붙었고, 치열한 접전 끝에 무승부로 끝났다. 그 후 김일과 이노키는 서울과 도쿄를 오가며 서로의 링에 올라 흥행을 도왔다. 훗날 이노키는 김일이 투병 중일 때 자주 서울로 문병을 오기도 했다.

김일은 1년 후인 1975년 10월에는 전일본프로레슬링협회를 이끄는 바바와 마지막 매치를 벌였다. 이 경기에서도 김일의 박치기 선공이 위력을 보였지만, 바바가 플라잉 넥 브레이커 기술로 김일의 목을 가격하면서 바바의 승리로 끝났다. 비록 졌지만, 김일의 흥행성을 재확인한 경기였다. 바바도 이노키처럼 김일과의 대결 후 한국을 자주 찾았다.

마지막 박치기

한국에서도 김일의 프로레슬링은 이노키와 바바의 순회경기 등으로 한동안 큰 인기를 누렸다. 이노키 등은 박송남과 '시멘트 매치'를 하며 관중의 간담을 서늘하게 만들었다.

1975년에는 서울, 부산, 대구, 광주 등지를 돌며 5개 도시 순회 국제 프로레슬링 오픈 시리즈 경기가 있었고, 1978년에는 한·미·일 프로레슬링, 1979년에는 PWF 챔피언 바바의 초청으로 5개국 레슬링 대회가 열렸다. 이 경기들은 모두 매진 행렬이었다.

1960년대 중반 고국으로 돌아온 후 1970년대까지, 김일은 반칙을 일삼는 악당을 박치기로 사정없이 깨부수는 영웅의 이미지로 국내에서 인기를 끄는 한편, 일본 링에서도 바쁘게 뛰었다.

특히 1976년 김덕과 짝을 이룬 한국의 맹호 콤비는 바바-츠루타의 일본 최강 태그 조와 박력 넘치는 경기를 펼쳐 전일본프로레슬링협회의 흥행 1순위 카드로 뜨기도 했다.

김일-김덕 콤비는 바바-츠루타를 꺾고 인터내셔널 태그 챔피언이 되었으며, 서울에서 방어전을 치르기도 했다. 이들은 1977년 오픈 태그 리그를 비롯하여 1978년, 1979년의 세계 최강 태그 리그에도 출전했다.

김일의 한국에서의 마지막 경기는 1980년, 51세 때였다. 1958년 오오키 긴타로라는 이름으로 29세의 늦은 나이에 처음 일본 링에 오른 그는, 1980년 김일이라는 이름으로 한국의 링에서 내려왔다.

일본에서의 마지막 경기는 이보다 2년 후인 1982년 아수라 하라전이었다. 공식적인 마지막 경기 이후로도 1984년에는 55세의 나이에 친동생 김광식과 함께 조를 이루어 일본의 다카시-이노우에 조와 대결해 폴 승을 거두었다. 정식 경기가 아니라 이벤트성 경기로 우정 출연을 한 것이었으나, 그만큼 프로레슬링에 대한 그의 애정과 투지는 사그라지지 않았다.

김일이 국내에서의 마지막 경기를 펼친 1980년은 정치·사회적으로 많은 일이 있던 때였다. 김일의 프로레슬링 경기를 즐겨 보며 후원을 했던 박정희 대통령이 1979년 10월 서거했고, 1980년 전두환의 신군부가 들어섰다. 5월에는 계엄령이 공포되었다.

1980년 5월 제주도에서 한일 친선 태그 매치 대회를 열면서, 김일은 자신의 나이 때문만이 아니더라도 이제 한국에서의 활동이 쉽지 않으리라는 걸 예감했다. 전국이 계엄령하에 들어갔으나 제주도는 예외였다. 계엄군은 '대회를 취소하라'고 지시했으나 다행히 대회는 진행되었다. 이미 5만 관중의 표가 동난 상태였다.

김일은 동생 광식과 태그 조를 짜서 일본의 다카시-이노우에 조를 꺾고 우승했다. 3일 뒤 마산에서 열린 한·일 친선 프로레슬링 대회에서는 김광식-이왕표와 3인조로 팀을 이뤄 일본의 이노우에-아시하라-하마구치 조를 상대했다. 3판 2선승제로, 1승 1패 후 셋째 판에서 김일이 박치기로 경기를 깔끔하게 마무리했다. 링에서의 마지막 박치기였다.

김일은 한·미·일 당대 최고 선수들과 경기를 치렀다. 3,000여 회의 경기를 치르면서 패한 경기는 수십 번에 불과했다. 특히 한국에서 치른 경기에서는 단 한 번도 지지 않았다. 그야말로 '불굴의 용사'였다. 일본에서도 그는 역경을 딛고 일어서는 인내의 레슬러였다.

언젠가는 링에서 내려오게 될 것을 김일도 잘 알았다. 그러나 1980년의 경기가 국내에서의 마지막 경기가 될 줄은 미처 알지 못했다. 은퇴 경기인 줄 몰랐으니 당연히 은퇴식도 없었다.

프로레슬링 열풍을 불러일으킨 영웅의 마지막은 그렇게 허무하고 허탈했다.

링을 떠난 영웅의 인생무상

연이은 사업 실패와 부도

 1980년 전두환의 신군부는 박정희 정권 때와 달리 김일의 프로레슬링에 우호적이지 않았다. 전두환 정권 출범과 함께 한국 프로레슬링에는 암울한 그림자가 드리웠다.

 전 국민을 열광시켰던 프로레슬링은 TV 화면에서 사라졌고, 그 대신 프로야구와 프로축구가 화면을 메웠다. 1969년에 설립된 김일 후원회도 1981년에 해산되었다. 서울 정동의 김일체육관도 문화체육관으로 간판을 바꿔 달았다.

 링에서 내려온 뒤 한동안 방황하던 김일은 1980년대 중반부터 수산업에 뛰어들었다. 강원도 속초에 본거지를 둔 수산 유통업 회사 '김일수산'을 차려 큰아들 수안과 사업을 했다.

 일찍이 청년 시절에 바다 일을 해본 그였기에 어느 정도 자신도 있었다. 특히 일본에서 생활하면서 일본인들이 한국의 명란젓, 미역, 김 등의 해산물을 무척 좋아한다는 것을 잘 알았다.

 사업은 처음엔 순풍을 단 듯 잘되었다. 미역, 김, 명란젓 등을 일본에 수출했는데 김일수산의 미역은 고품질이라 만들기 무섭게 팔려나갔다. 일본 쪽 유통업자들이 줄을 서서 기다릴 정도였다. 한창때는 직원이 150여 명에 이르렀다.

김일산업사 새마을 공장 모습

꽃게 사업도 했다. 한국 꽃게는 일본인들이 최고로 치는 수산물로 고가임에도 없어서 못 팔 정도였다. 사업이 잘될 때는 배 8척을 부려 연간 900톤의 어획량을 자랑했다. 박치기왕 김일이 수산업 유통으로 떼돈을 번다는 소문까지 났다.

그러나 순풍은 오래 가지 않았다. 김일은 거래하는 모든 어민에게 전도금을 주었는데, 이는 입도선매로 봄·여름에 꽃게 값을 먼저 주고 가을에 꽃게를 받는 시스템이었다. 첫해에는 문제가 없었는데, 이듬해 서해에서 꽃게가 잡히지 않으면서 문제가 생겼다. 돈은 이미 나갔는데 받을 꽃게가 없었다. 동해안 명란젓도

명품으로 일본에 수출되었으나, 명란젓 사업을 시작한 이듬해인 1980년대 후반 갑자기 동해에서 명태가 잡히지 않아서 타격을 입었다.

돈을 다시 돌려받으면 되지만 김일은 차마 돌려받을 수는 없다고 여겼다. 어민들이 이미 돈을 다 쓴 상태이기도 했지만, 선금을 받으러 갔다가도 아이들이 "박치기왕이다!" 하며 모여들고 손을 잡으면 돈 소리는 입에 올리지도 못하고 그대로 돌아섰다. 그의 아들 역시 아버지의 명성을 생각해 모질게 굴지 못했다. 자금을 회수하러 갔다가 풀 죽은 어민들을 보면 딱해서 오히려 가진 돈을 털어주고 올 정도였다.

물론 김일 부자를 속이는 이들도 있었다. 어민 중 몇몇은 현금을 들고 찾아오는 사람들에게 꽃게를 몰래 넘기기도 했는데 명백한 계약위반이었다. 이를 알게 되자 주변에서는 김일에게 그들을 고소하라고들 했다. 그러나 '영웅 김일'의 자존심으로 그러지도 못했다.

물건은 없고 돈은 줄줄 새고 은행 빚은 쌓였다. 한 번 쌓인 빚은 끝이 보이지 않았다. 김일은 세상에 대한 무정함을 느끼기도 하고 자책을 하기도 했다.

한창때 김일은 많은 사람에게 도움을 주고 살아왔다. 어려운 후배들에게 집을 사주거나 평생 먹고 쓸 수 있는 돈을 주기도 했다. 그러나 막상 김일이 빚에 쪼들리고 힘든 나날을 보낼 때 그의 곁에는 아무도 없는 듯했다. 김일 또한 먼저 손 벌리려 하지 않았고, 누구를 원망하려 하지도 않았다. 그냥 그것이 세상인심이려니 했다.

김일은 사실 일본에서 큰 부를 일궈 1965년 귀국 당시에는 상당한 부자였다. 하지만 한국에서는 시합 개최에 따른 여러 가지 문제 해결에 돈이 많이 들어서 겉으로 보이는 인기에 비하면 그다지 큰돈을 벌지는 못했다. 오히려 일본에서 벌어온 돈을 한국 프로레슬링 붐을 일으키는 데 투자한 셈이었다.

그래도 은퇴 후 상당한 재산이 남아서 사업을 벌일 수 있었지만, 결국은 사업 시작 3년여 만에 부도를 맞고 사업을 접었다.

병상의 영웅, 쓸쓸한 말년

김일은 열여섯 살 때 아버지의 뜻에 따라 세 살 연상의 박금례와 결혼해 2남 2녀를 두었다. 그러나 역도산의 제자가 되겠다며 일본으로 훌쩍 떠났기 때문에 결혼생활은 10년도 되지 않았다.

아내는 남편 없이 2남 2녀를 키웠다. 김일은 일본에서 프로레슬러로 성공한 후 고국에 돌아왔지만, 한국·일본·미국을 오가며 경기하느라 집에는 거의 없었다. 1977년에는 막내아들이 군에서 의문사하는 일이 있었다. 시합 때문에 일본에 머물던 김일은 소식을 듣고 한달음에 날아왔지만 할 수 있는 일이 없었다. 아내는 남편이 없는 집에서 남편의 손님들을 치르며 내조하다 1992년에 지병으로 세상을 떠났다.

처자식이 있는 가장, 부모를 모시던 장남이 가족 누구에게도 알리지 않고 집을 떠났다. 가장으로서, 남편으로서, 아들로서 실격이었다. 아버지의 임종도 지키지 못했다. 은퇴 후 큰아들과 수산업을 했지만, 사업 실패로 인해 가족과 주변 사람들까지 힘들게 하는 것 같아 괴로웠다. 그래서 그는 가족 이야기가 나오면 늘 면목 없다고 했다.

사업 실패에 따른 스트레스는 이루 말할 수 없었다. 박치기로 인한 후유증도 김일의 몸을 짓눌렀다. 병원 치료도 소용없었다. 비가 오거나 날씨가 궂으면 몸이 한 군데도 쑤시지 않는 곳이 없었다. 늘 파스와 진통제를 달고 살았다.

김일은 자신의 건강 악화나 어려운 처지를 주변에 알리는 것도 꺼렸다. 그래도 명색이 국민에게 꿈과 희망을 줬던 세계 챔피언이었는데, 말년에 비루한 소리를 듣고 싶지 않았다.

사업 실패로 수중에 돈 한 푼도 없었으나 누구에게 손 벌리기도 싫었다. 자존심이 허락하지 않았거니와 과거 자신을 알던 팬들에게 실망을 주는 일이라고 생각했다.

김일은 1990년 한 언론사의 요청으로 속초 앞바다에서 진돗개와 포즈를 취하고 사진 촬영을 했다. 그리고 서울로 돌아와 타워호텔에서 인터뷰하는 중에 쓰러졌다. 뇌졸중이었다. 이미 쇠약해진 상태로 겨울 찬 바닷바람을 쐰 것이 무리가 된 듯했다. 그 후 긴 투병 생활이 시작되었다.

고립무원의 상황에서도 김일은 주변에 도움을 청하지 않았지만, 안토니오 이노키 그리고 수산업을 할 때 일본 쪽 유통 파트너이자 오랜 지인이던 일본 규슈가이산(九州海産)의 이케다 사장이 김일을 도왔다.

그들의 도움으로 김일은 도쿄 적십자병원, 오사카 시립병원, 규슈 나카무라병원, 후쿠오카 시립요양병원 등에서 치료하고 요양했다. 이케다 사장과 일본 김일 후원회 관계자들의 도움이 있었다. 그러나 김일은 그들에게 신세 지는 것도 미안하고 부담스러웠다. 일본은 프로레슬러 김일에게 제2의 고국인 셈이지만, 아무래도 고국의 품만은 못해서 투병 생활은 외롭기만 했다.

그러던 1993년 말의 겨울 어느 날, 후쿠오카 시립요양병원에서 투병 중이던 김일을 누군가가 찾아왔다. 삼중 스님이었다. 삼중 스님은 '사형수의 대부'로 불리며 재소자 교화 활동과 사형제 폐지 운동 등 다양한 사회활동을 해온 스님이다.

당시 후쿠오카로 여행을 갔던 한 재미교포가 삼중 스님에게 김일에 대한 소식을 전했고, 삼중 스님은 과거 온 국민을 열광시켰던 프로레슬링 영웅이 일본에서 홀로 외롭게 투병 생활을 하고 있다는 사실을 알고 안타까워하며 이 사실을 한국일보 박정수 사회부장에게 전했다.

소식을 들은 박정수 부장이 삼중 스님에게 "국민 영웅 김일 선수가 일본에서 투병 생활을 하는 것은 국민적인 수치"라며, "일본에 가서 한국으로 반드시 모시고 와야 한다"고 간곡히 부탁했다.

일본의 김일을 찾아간 삼중 스님이 조심스레 물었다.

"한국 정부에 바라는 것이 무엇입니까?"

그러자 김일은 한국으로 돌아가고 싶다는 말 대신에 이런 대답을 했다.

"김영삼 대통령을 만나고 싶습니다."

삼중 스님이 그 이유를 묻자 김일은 다음과 같은 이야기를 들려주었다.

"내가 초등학교 3학년이던 일제강점기 시절, 어느 날 일본 순사가 집 앞을 지나치다가 진돗개를 보고는 공출을 빌미로 빼앗아 갔습니다. 하지만 그 개는 다음 날 아침 지친 몸을 이끌고 집으로 도망쳐 왔지요. 성난 순사가 개를 찾으러 다시 집에 왔고 그 개는 나를 쳐다보고 울부짖으면서 순사에게 끌려가 결국 일본군 군용 방한복 만드는 용도로 죽임을 당했습니다. 이곳 일본에서 투병 생활을 하면서 순사에 의해 끌려갔던 그 진돗개가 머릿속에서 지워지지 않습니다. 그 진돗개 넋을 기리기 위해 동상을 세워 주고 싶어서 대통령을 만나고 싶습니다."

삼중 스님은 김일의 투병 생활과 이런 바람을 박정수 부장에게 알렸다. 얼마

후 박 부장은 김일의 소식을 사회면의 대문 기사로 보도했다.

"왕년의 박치기 스타 김일, 일본서 외로운 투병!"이라는 제하에 김일의 근황을 상세히 전했다. 김일은 기자와의 인터뷰에서 "국민이 실망할 것 같아 걱정이지만 고국으로 돌아가 조용한 절에서 여생을 보내는 것이 마지막 꿈"이라고 밝혔다.

기사의 반향은 컸다. 일본 악당을 시원하게 날려버리는 김일의 박치기는 그 시절을 살아온 세대에겐 잊을 수 없는 위로이자 자긍심이었다. 그런 영웅이 타국에서 외롭게 투병 생활을 한다니, 참으로 안타까운 일이었다.

한국뿐 아니라 일본 언론에서도 김일의 소식을 크게 다루었다. 링에서 조용히 사라졌던 김일을 회고하며 특집 기사들이 여러 신문에 게재되었다. 그가 벌인 굵직한 경기들을 재조명하기도 하고, 그의 '원폭 박치기'가 얼마나 특별했는지도 환기했다. 김일은 한일 모두의 슈퍼스타였음을 새삼 확인해주었다.

휠체어의 박치기왕, 눈물의 은퇴식

1995년 4월 2일, 도쿄돔에서 열린 프로레슬링 올스타전 '꿈의 가교' 대회에 앞서 김일의 은퇴식이 마련되었다. 일본 스포츠기자단과 김일 후원회가 마련한 자리다.

6만여 명의 관중이 박수와 함성으로 영웅을 맞았지만, 챔피언의 기개가 넘치던 김일이 아니었다. 왕년의 숙적 루 테즈와 제자 이왕표가 미는 휠체어에 의지한 환자였다.

휠체어에 오른 김일이 입장하는 동안 링 아나운서가 그를 소개했다.

"오오키 선수는 1958년 프로레슬링에 입문했습니다. 자이언트 바바, 안토니오 이노키 선수와 함께 일본 프로레슬링의 두 번째 황금기의 기반을 쌓았습니다. 획득한 타이틀은 WWA 세계 태그. 싱글 타이틀, 인터내셔널 태그. 싱글 타이틀, 올-아시아 태그. 싱글 타이틀 등이 있습니다. 특기는 다들 알고 계시리라 생각합니다만 외다리 박치기, X자 굳히기입니다."

66세 노 레슬러의 휠체어 입장. 도쿄돔을 가득 메운 관중은 함성을 지르며 그의 이름을 연호했다.

"오오키 긴타로! 오오키 긴타로!"

자이언트 바바를 비롯한 수많은 레슬러와 기자들이 일제히 기립해 박수로 그를 맞았다. 이윽고 김일이 제자 이왕표의 부축을 받으며 휠체어에서 일어나 링에 올랐다. 정장에 넥타이를 맨 김일은 링 가운데에 서서 가슴이 벅차 말이 나오지 않는다며 안경을 벗고 눈물을 닦은 후 준비해온 원고를 낭독했다.

"팬 여러분 앞에서 은퇴식을 할 수 있어서 정말 감사드립니다. 오늘 은퇴식과 함께 선수로서는 마무리를 짓습니다만 한국과 일본의 프로레슬링이 한층 더 발전할 수 있도록 힘쓰려 합니다. 돌아가신 역도산 선생님의 문하생이 된 것도 올해로써 벌써 36년이 지났습니다. 긴 시간 동안 팬 여러분께 신세를 진 데 대해 마음으로 감사드립니다."

은퇴사가 끝나자 링 아나운서가 김일에게 물었다.

"선수 생활을 뒤돌아볼 때 가장 인상에 남은 것이 무엇입니까?"

김일은 스승 역도산이 사망하기 전 미국에 가서 국제 타이틀을 딴 순간을 꼽았다. 또한 이날 자신의 휠체어를 직접 밀어준 루 테즈 선수와의 휴스턴 NWA 챔피언십 이야기를 하며 루 테즈와도 다시 한 번 뜨겁게 포옹했다.

마침내 김일을 보내는 공이 울려 퍼졌다. 링 아나운서가 선창하는 구령을 체육관 안의 6만여 명이 모두 일어서서 함께 카운트를 외쳤다.

"원, 투, 쓰리, 포, 파이브, 식스, 세븐, 에이트, 나인, 텐."

김일은 카운트가 계속되는 동안 더 참지 못하고 울음을 터뜨렸다. 링 아나운서가 오랜 세월 멋진 경기를 보여줘서 고맙다고 하자 관중석 여기저기에서 김일을 연호하는 함성이 터져 나왔다.

김일은 팬클럽 회장 난바가 특별 제작한 '챔피언 벨트'를 허리에 차고 감사의 손짓을 했다. 그리고 두 눈에 눈물을 가득 담은 채 링 기둥을 두어 차례 두드린 후 링을 내려왔다.

관중들은 입장할 때처럼 다시 휠체어를 타고 퇴장하는 김일을 향해, 입장할 때보다 더 큰 함성과 박수로 경의를 표했다.

일본 교토에 본부를 둔 김일의 일본 공인 팬클럽은 1976년 10월 10일에 발족했다. 레슬링 선수 개인의 팬클럽이 존재한다는 사실 자체가 흔하지 않은 시절이었다. 한국과 일본이 왕래가 어렵고 한국인에 대한 일본인의 노골적인 차별이 있던 시절이었음에도, 김일의 일본 팬클럽 회원들은 국경을 넘어 김일에 대한 애정을 보냈다.

일본 은퇴식 때 김일에게 챔피언 벨트를 선사한 난바는 15세 때 김일 팬클럽에 가입한 후 거의 평생 김일을 응원했다. 그는 팬클럽 회보《한국의 맹호》편집자로 초창기 김일의 기사를 집필하고 경기 사진 촬영까지 도맡았다.

"오오키 선생님께서 이긴 날은 모든 행운이 저를 찾아준 것 같아 종일 덩실덩실 춤추고 싶은 기분입니다. 선생님이 패한 날은 기분이 영 좋지 않아 마치 우울

증에 걸린 환자처럼 기가 죽습니다."

그렇게 30여 년간 김일의 열성 팬으로 팬클럽 회장까지 역임한 난바는 은퇴식에서 내려오는 김일의 손을 붙잡고 함께 눈물을 흘렸다.

"오오키 선생님의 박치기는 우리 모두의 가슴속에 영원히 남을 겁니다."

다시 고국으로

마지막 거처, 을지병원

김일의 일본 투병 기사가 나간 후 많은 사람이 관심을 표했으며 각계 각층의 기업과 수많은 사람이 '영웅의 귀환'을 희망하며 후원했다.

그중에서도 특히 서울 노원구 을지병원의 박준영 이사장이 김일의 투병을 책임지겠다고 나섰다. 어릴 적 김일의 박치기를 보며 자라 그의 열렬한 팬이던 박 이사장은 1994년 1월 삼중 스님과 함께 후쿠오카로 날아갔다. 의사와 간호사도 대동했다. 박 이사장은 김일을 만나자 두 손을 잡으며 말했다.

"제 어린 시절 최고의 영웅이 다른 곳도 아닌 일본에서 비참하게 계신다는데 도저히 가만있을 수가 없었습니다. 당장 한국으로 돌아갑시다. 제가 평생 모시겠습니다."

당시 김일의 병세는 심각했다. 하지정맥류로 왼쪽 다리가 많이 부어 있었고 목 디스크도 심한 데다 의식도 멍한 상태였다. 박 이사장이 거듭 청했다.

"제가 모실 테니 같이 가십시다."

김일은 망설이며 선뜻 대답하지 못했다. 자신을 책임지겠다고 제안한 사람이 한둘이 아니었기에, 박 이사장의 말도 반신반의한 것이다. 김일이 머뭇거리자 눈치를 챈 박 이사장이 재차 설득했다.

"저는 한 번 약속하면 지키는 사람입니다. 가시죠."

그의 진심을 느끼게 된 김일은 마음을 움직여 드디어 한국으로 향했다. 김일은 박 이사장의 말을 믿고 고국으로 돌아왔다. 박 이사장은 을지병원의 병실 하나를 살림방으로 제공하고 당뇨·고혈압·하지부종 등 지병을 무료로 치료해주었다. 치료뿐만 아니라 장기 투병하는 동안 김일의 생활비도 지원했다.

박 이사장과 병원 의료진의 정성 어린 치료로 김일은 일본에 있을 때보다 병세가 많이 호전되었다. 입원 생활이긴 했지만, 어느 정도 거동과 일상생활도 할 수 있었다. 시대를 풍미한 '박치기왕'의 말로에 많은 팬들이 안타까워했다. 박치기의 후유증으로 인해 머리 통증에 시달린다는 기사를 본 팬 중 하나는 김일이 입원해있는 병원으로 직접 문병을 와서 김일에게 사죄 아닌 사죄를 했다.

"선생님이 박치기할 때 전 너무 좋아했습니다. 1970년대 장충체육관, 문화체육관에서 레슬링 경기가 열리면 항상 보러 가서 '김일 박치기!' 하며 연호했습니다. 선생님이 그토록 아픈지도 모르고 박치기를 연호했으니 죄송합니다."

그러자 옆에 있던 사람들이 웃으며 말했다.

"우리 모두 그랬지요. 김일 선수가 나오면 전 국민이 '박치기'를 연호하지 않았습니까."

김일을 돌본 을지병원 박 이사장은 평소 틈만 나면 김일의 병실을 찾아가 두 손을 꼭 잡고 격려했다.

"선생님, 반드시 일어나셔야 합니다."

하루는 김일의 상황을 안타까워하며 그가 물었다.

"젊었을 때 많은 돈을 버시지 않았습니까? 그 돈은 다 어디 있습니까?"

"내가 워낙 유명하니까 돈이 많은 줄 알고 사기를 치는 사람이 많았습니다. 아마도 내 돈의 절반은 사기를 당해 날렸을 겁니다."

"아니, 왜 그런 사람들을 고소하지 않으셨습니까?"

김일은 인생이 무상하다는 듯 만감이 교차하는 표정으로 허허 웃으며 이렇게 말할 뿐이었다.

"그 사람들이 오죽하면 나한테까지 사기를 쳤겠습니까."

많은 이들이 김일의 말년 상황을 안타까워했지만 그런 말을 들을 때마다 김일은 다음과 같이 말했다.

"남들은 내가 늘그막에 병원에만 있는 것을 처량하게 생각할지 몰라도 절대 그렇지 않습니다. 내가 병원을 떠나지 못하는 데는 다른 이유가 있습니다. 병원만 떠나면 금방이라도 아플 것 같기 때문입니다. 엄살이라고 할지 모르지만 난 세상에서 가장 싫은 것이 아픈 것입니다. 다른 것은 참고 견딜 수 있는데, 이제 나이가 드니 더 그렇습니다. 병원을 떠나면 마치 금방이라도 죽을 것 같기에 병원을 떠나고 싶지 않습니다. 아프다고 하면 쏜살같이 달려와 치료해주는 의사 선생님, 외출했다가 돌아오면 '어디 갔다 오시냐' 며 친절히 반겨주는 간호사들, 마주칠 때마다 내 안부를 걱정해주는 경비원들… 병원은 내 집과 다름없습니다. 가진 것이 있다면 병원 측에 모든 것을 다 주고 싶을 정도로 이 병원에 큰 신세를 졌습니다."

김일은 2006년 세상을 떠나기까지 을지병원에서 12년간 생활하면서 '이곳보다 편한 곳은 없다' 고 말했다.

화해와 이별 그리고 영면

엇갈린 운명, 41년 만의 화해

2006년 초. 김일은 뇌혈관 질환, 고혈압, 심부전증 등의 합병증으로 을지병원에서 장기 투병 중이었다. 시간이 지나도 건강은 좀처럼 좋아지지 않았다. 워낙 오랜 지병이었던 데다 노환이 겹치면서 차도가 거의 없었다.

김일은 자신에게 남은 날이 얼마 되지 않았음을 직감했다. 그때 그에게 떠오른 인물이 있었다. 오래전 앙금이 쌓인 채 서로 등을 돌린 장영철 선수였다. 김일은 지금이 아니면 다시는 못 만날 것 같은 생각이 들었다.

김일처럼 장영철도 병상에 있었다. 장영철은 파킨슨병과 중풍 등으로 병마와 싸우고 있었다. 김일은 먼 길을 마다하지 않고 그를 만나러 갔다. 2006년 2월 8일, 두 사람은 뜨거운 화해의 손을 맞잡았다. 41년 만이다. 옛 모습을 찾을 수 없도록 쇠약해진 장영철의 손을 부여잡으며 김일이 말했다.

"여보게, 나도 곧 같이 가겠네."

장영철은 천규덕과 함께 불모지나 다름없던 국내 프로레슬링을 이끈 개척자였다. 그러다 1965년 김일이 등장하면서 운명이 엇갈렸다.

처음에 김일은 장영철의 재능을 높이 평가하여 일본 진출도 권유했다. 그러나 장영철은 자존심이 상한 듯 일본 프로레슬링과 한국 프로레슬링의 실력은 종이 한 장 차이라며 김일의 권유를 일언지하에 거절했고, 11월에 있는 대회에서 본때를 보여주겠다며 별렀다. 하지만 그날 장영철이 일본 오오쿠마 선수의 새우꺾기에 당하다 난투극이 벌어졌고, 이후 장영철의 '프로레슬링 쇼' 파동에 이어 일주일 후 김일의 기자회견이 열린 것이다.

경찰 조사에서 '장영철이 프로레슬링은 쇼라고 말했다'고 전해졌지만 실제로 장영철은 그렇게 말한 적이 없는 것으로 밝혀졌다. 그러나 당시 김일은 이 사건의 배후가 자신이라는 오해까지 받아 괴로워했다. 김일이 국내 프로레슬링계를 장악할 목적으로 오오쿠마를 사주해 국내파인 장영철을 반칙을 사용해 꺾으려 했다는 소문이었다. 이 소문에 김일은 큰 충격을 받아 한국 레슬링을 떠날 생각까지 했을 정도였다.

그러나 김일은 한국과 일본을 오가며 10년 이상 왕성하게 활동했다. 그에 비해 장영철은 서서히 잊히고 말았다. 그렇게 1965년 11월 갈라선 지 41년 만인 2006년에 화해의 만남을 청한 것이다.

그것이 두 사람의 마지막 만남이었다. 불과 몇 달 후인 2006년 8월 8일 저녁, 김일은 한 통의 전화를 받았다. 장영철의 부음이었다.

김일은 전화를 받자마자 부산의 장례식장으로 달려갔다. 그의 건강을 염려해 주변에서 만류했지만 망설이지 않았다. 장례식장으로 향하는 차 안에서 김일은 지난 시절을 영화 필름처럼 떠올렸다.

다시 태어나도 이 길을

김일은 병실에 누워 멍하니 창밖을 내다보는 시간이 점점 많아졌다. 과거의 추억들은 마치 신기루 같았다. 꿈같이 날아가버린 신기루를 쳐다보면서 김일은 웃기도 하고 때론 슬픔에 잠기기도 했다.

과거의 화려했던 영광도 한낱 물거품 같았다. 그러나 잊지 못할 수많은 얼굴들이 선명하게 떠올랐다.

일본에서 한창 활동할 때 김일과 함께 3인방으로 불렸던 자이언트 바바는 1999년 1월 김일보다 먼저 세상을 떠났다. 박치기로 인해 생긴 이마의 혹에 얼음찜질을 해주던 바바. 이제 보고 싶어도 볼 수 없는 곳으로 떠난 동료. 김일은 "오오키 긴타로 선배!" 하고 부르던 바바의 굵직한 목소리를 내내 그리워했다.

3인방 중 또 한 명인 안토니오 이노키는 김일이 일본에서 요양할 때도, 한국으로 돌아와 장기 투병을 할 때도 늘 김일을 살뜰히 챙겼다. 한국에 올 때마다 김일을 찾아가 "오오키 선배님, 오래 사셔야 한다"며 두 손을 꼭 잡아줬다. 김일은 사형제 간의 진한 정을 느꼈다. 그랬던 이노키도 김일이 2006년 세상을 떠나고 나서 좀 더 후인 2022년에 눈을 감았다.

프로레슬러로 활동하면서 김일의 몸은 만신창이가 되었다. 박치기하느라 머리에 가해진 수만 번의 충격은 고스란히 후유증으로 남았다.

머리뿐만이 아니었다. 김일은 데뷔 초에 훈련하다 로프 와이퍼에 부딪혀 눈이 빠질 뻔한 부상을 입었는데 눈알을 다시 밀어넣고 훈련을 계속 한 적도 있었다. 훈련이나 경기 중 백드롭에 걸려 거꾸로 떨어질 때 등보다 머리가 먼저 꽂힌 것도 한두 번이 아니었다. 여러 번 금이 간 목뼈는 치료를 받지 않은 채 계속하여 충격을 받았다. '이젠 정말 죽는구나' 싶을 정도로 정신이 혼미해진 경우는 이루 셀 수도 없었다.

그러나 김일은 그 세월을 후회하지 않았다. 아니, 오히려 '다시 태어나도 프로레슬링을 또 하리라' 생각했다. 팬들 때문이었다. 팬들의 헌신적인 사랑을 평생 가슴속 깊이 간직했다.

그리운 스승 곁으로

김일은 정치적인 이해관계와 상관없이 자신이 한국과 일본 사이에서 가교역할을 한 데 대해서도 자긍심을 가졌다. 한국과 일본을 오가며 숱한 경기를 펼치면서 많은 이들에게 통쾌함과 희망을 준 데 대해 뿌듯해했다. 나이가 들고 초라해져 세상으로부터 외면받게 된 것은 어쩔 수 없다고 생각했지만, 그래도 자신의 후계자들이 스포츠를 통해 교류하고 발전하길 바랐다.

눈을 감으면 빛나던 과거의 순간들이 선명히 되살아났다. 아직도 사각의 링에서 금방이라도 경기를 펼칠 것 같은 착각에 빠지곤 했다. 그럴 때면 젊은 자신과 나이 든 자신이 추억의 한 편에서 교차하며 한 폭의 그림이 펼쳐졌다.

그 추억 속에서 가장 그리운 이는 스승 역도산이었다. 스승의 호통이 귓가에 생생하게 메아리쳤다. 그 목소리를 한 번이라도 다시 들을 수만 있다면…. 생전에 이루지 못한 단 하나의 꿈이 있다면, 일본에서 출신을 숨기며 살아야 했던 역도산과 함께 당당한 한국인으로서 팬들 앞에 서는 것이었다.

김일은 알았다. 자신도 스승 곁으로 갈 날이 머지않았음을.

2006년 10월, 한 시대를 풍미한 프로레슬러, '박치기왕' 김일은 영원히 눈을 감았다. 향년 77세였다.

맺음말

시대의 영웅을 기억하며

    김일의 고향 거금도에 가면 김일기념체육관이 있다. 김일기념체육관은 고흥군 금산면민들과 출향 인사들의 모금으로 2012년에 건립되었다.

    이곳은 거금도 사람들이 무척 자랑스러워하며 아끼는 곳이다. 금산면 대흥리, 어전리, 신전리, 신촌리, 석정리, 신평리, 오천리 등 7개 리 33개 마을 주민들의 정성이 깃들어 있기 때문이다. 이들의 정성을 다한 성금은 대지 매입과 체육관 건립에 들어간 30여억 원의 시금석이 되었다.

    이 체육관은 지역의 다양한 행사에 사용되고 있다. 2016년 김일 추모 10주기에 열린 국제 프로레슬링 대회에는 이왕표, 노지심 등이 특설 링에 오르기도 했다. 체육관 옆에는 김일 자료 전시관이 있다.

    광장에는 고흥군이 제작해 2021년 12월에 세운 김일 동상이 있고, 동상 옆에는 김일의 전매특허인 박치기 등의 경기 모습을 재현한 조각품 4점이 함께 전시되어 있다.

    체육관 앞에는 '김일 생가'가 있다. 김일이 원래 태어났던 생가는 없어졌기 때문에 나중에 새로 지은 것이다. 이곳에는 전시관에 없는 자료들이 보관되어 있다. 김일은 말년에 을지병원에서 장기 투병하면서도 종종 이곳에 내려와 지내곤 했다.

생가 앞에는 '운암 김일 선생 공적비'가 있다. 2003년에 세워진 것으로, 그 옆에는 김일이 소학교(초등학교) 시절 일본군에 강제로 빼앗긴 후 수십 년간 가슴 속에 품고 있었던 진돗개의 동상도 있다. 비문은 김일이 직접 작성했다.

한국의 프로레슬링은 '민족의 한과 아픔을 달래주던 민족 스포츠(국가기록원 홈페이지 '기록으로 만나는 대한민국')'였다. 1960~1970년대에 혼란스럽고 힘들던 시대에 김일은 프로레슬링을 통해 사람들의 아픔을 달래주고 통쾌함을 선사했던 시대의 영웅이었다.

김일 연보 및 상훈, 안장

연보

1929년 2월 24일	전남 고흥군 금산면 어전리 963번지 평지마을 태어남
1943년 3월	고흥 금산초등학교 졸업 (14회)
1958년 12월	링네임 오오키 긴타로. 일본 프로레슬링 데뷔
1963년 12월 10일	WWA 태그 챔피언 (모토) - 미국
1965년 4월 16일	북미 태그 챔피언 (모토) - 미국
1965년 5월 19일	로키마운틴 챔피언 - 미국
1965년 8월 11일	극동 헤비급 초대 챔피언 - 서울 장충체육관
1965년 11월 27일	장영철 '프로레슬링은 쇼'
1966년 12월 3일	아시아 태그 챔피언 (모토) - 일본 도쿄
1967년 4월 29일	WWA 세계챔피언 (마크 루인 제압) - 서울 장충체육관
1967년 5월 19일	WWA 세계챔피언 1차 방어전 (마크 루인) - 미국 LA
1968년 4월	WWA 세계챔피언 4차 방어전 실패 (마이크 디비아시) - 미국
1968년 11월	아시아 헤비급 챔피언 (킬러 오스틴) - 서울
1969년 11월	아시아 헤비급 챔피언 7차 방어. 통상 1,500 경기 - 서울
1970년 3월 15일	아시아 헤비급 챔피언 9차 방어 - 서울
1971년 12월	세계프로레슬링 타이틀 한국시리즈 타이거 마스크 완파
1972년 12월 6일	인터내셔널 헤비급 챔피언 (보보 브라질 격파) - 서울

1974년 10월 10일 .... 안토니오 이노키전 패배 - 일본 도쿄

1975년 3월 .... 국내 5개 도시 순회 국제프로레슬링 오픈시리즈 - 서울, 부산 등

1976년 8월 1일 .... NWA 종신회원(역도산, 바바에 이어 3번째)

1979년 4월 8일 .... 자이언트 바바 초청 5개국 국제프로레슬링대회 - 서울

1980년 5월 .... 제주도 국제 레슬링대회(신군부 계엄령 발동)

1982년 4월 .... 아수라 하라 전. 일본 마지막 경기 - 일본

1984년 5월 5일 .... 김일 - 김광식조 일본 다카시조 격파 - 일본

1995년 4월 2일 .... 일본 은퇴식(도쿄돔/일본신문 기자단 주최)

2000년 3월 26일 .... 한국 은퇴식(장충체육관/문광부, 체육회 후원)

2006년 10월 26일 .... 숙환으로 별세. 향년 77세

상훈, 안장

1966년 10월 22일 .... 고흥군 군민의 상

1994년 4월 26일 .... 국민훈장 석류장

1999년 8월 15일 .... 고흥군 금산면 면민의 상

1999년 10월 25일 .... 전라남도 도민의 상

2000년 3월 24일 .... 체육훈장 맹호장

2006년 10월 26일 .... 체육훈장 청룡장

2018년 12월 19일 .... 대한체육회 스포츠 영웅의 전당 헌액

2020년 5월 22일 .... 국립대전현충원 안장

김일선수가 걸어 온 길

선수 시절 경기 모습

김일기념관 전경

김일기념관 내부

기념비

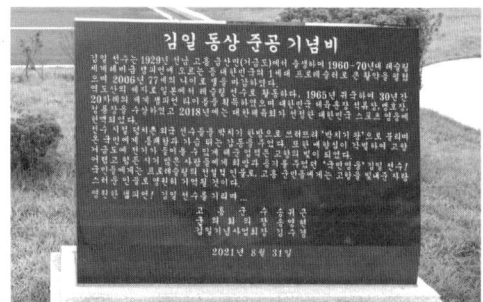
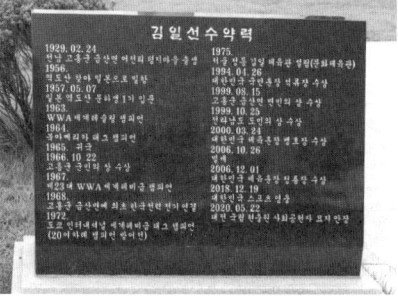

비석 훈장증

훈장증과 표창 메달

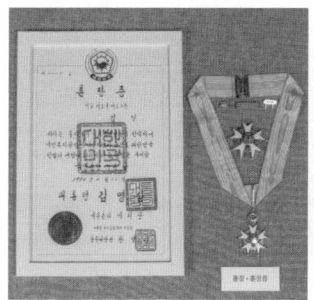  

상패

  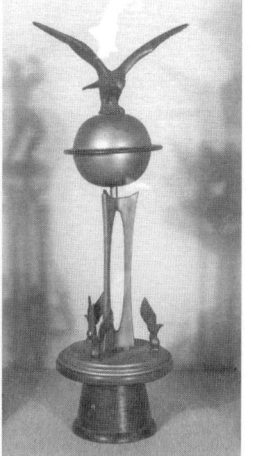

유품

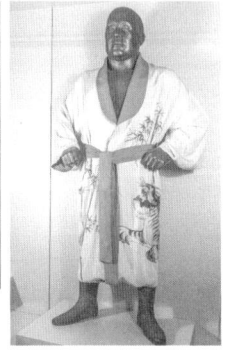

진천선수촌 진열

생가 및 기념식

현충원 안장

삶을 업그레이드 하는 더 나은 삶 ──────────── 인문·글쓰기 도서

**배움은 어떻게
내 것이 되는가**
박성일 지음
212쪽 | 16,000원
(2021 텍스트형 전자책·오디오북
제작 선정)

별일 없어도 읽습니다
노충덕 지음
312쪽 | 18,000원

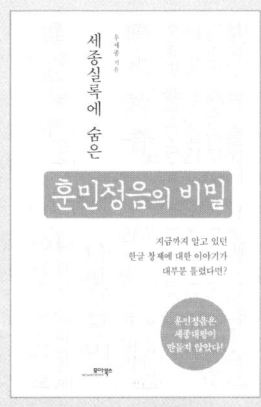

**세종실록에 숨은
훈민정음의 비밀**
우세종 지음
288쪽 | 19,800원

**누구나 쉽게 작가가
될 수 있다**
신성권 지음
284쪽 | 15,000원

내 글도 책이 될까요?
이해사 지음
320쪽 | 15,000원
(2021 우수출판콘텐츠 선정)

독한 시간
최보기 지음
248쪽 | 13,800원

삶을 업그레이드 하는 더 나은 삶 ──────── 마인드 · 동기부여 도서

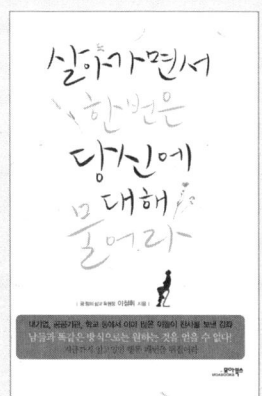

**살아가면서 한번은
당신에 대해 물어라**
이철휘 지음
252쪽 | 14,000원
(2013 국방부 안보 도서 선정)

최고의 칭찬
이창우 지음
276쪽 | 15,000원

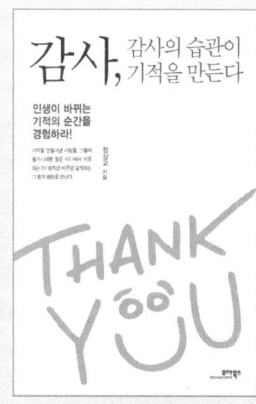

**감사, 감사의 습관이
기적을 만든다**
정상교 지음
246쪽 | 13,000원

행복한 노후 매뉴얼
정재완 지음
500쪽 | 30,000원
(2022 세종도서 교양부문 선정)

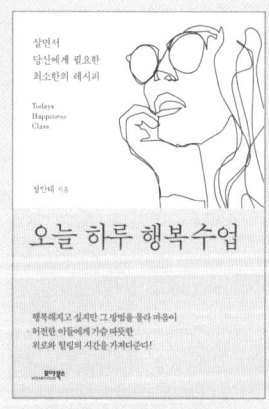

오늘 하루 행복수업
정안태 지음
208쪽 | 18,000원

리더의 격
김종수 지음
244쪽 | 15,000원
(CEO 필독 도서 선정)

삶을 업그레이드 하는 더 나은 삶 ——————————— 정치·사회 도서

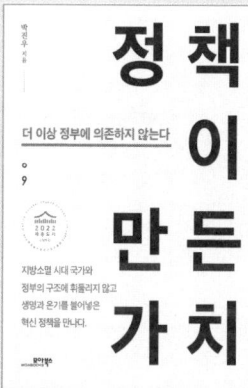

정책이 만든 가치
박진우 지음
320쪽 | 22,000원
(2022 세종도서 교양부문 선정)

법에 그런 게 있었어요?
강병철 지음
400쪽 | 15,000원
(2021 텍스트형 전자책 제작 선정)

내 손을 잡아줘
김선우 지음
264쪽 | 20,000원

**정부의 예산,
결산 분석과 감시**
조일출 지음
264쪽 | 20,000원

지속 가능한 정책
박진우 지음
344쪽 | 23,000원

이재명, 흔들리지 않는 원칙
임종성 지음
312쪽 | 20,000원

삶을 업그레이드 하는 더 나은 삶 ——————————————————————— 건강 도서

더 건강하게 오래 사는 만성질환 정복법
송봉준 지음
240쪽 | 25,000원

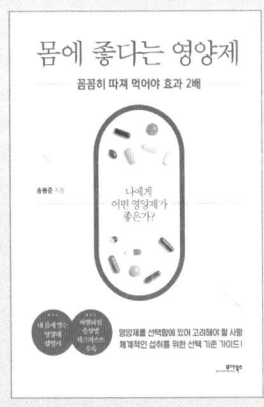

몸에 좋다는 영양제
송봉준 지음
320쪽 | 20,000원

혈통만사
남동욱 지음
304쪽 | 17,000원

효소 건강법(개정판)
임성은 지음
264쪽 | 15,000원

건강하게 살고 싶다면 디톡스
황병태 지음
240쪽 | 20,000원

암, 반드시 낫는다
조기용 지음
176쪽 | 16,800원

당신이 생각한 마음까지도 담아 내겠습니다!!

> 책은 특별한 사람만이 쓰고 만들어 내는 것이 아닙니다.
> 원하는 책은 기획에서 원고 작성, 편집은 물론,
> 표지 디자인까지 전문가의 손길을 거쳐
> 완벽하게 만들어 드립니다.
> 마음 가득 책 한 권 만드는 일이 꿈이었다면
> 그 꿈에 과감히 도전하십시오!

업무에 필요한 성공적인 비즈니스뿐만 아니라 성공적인 사업을 하기 위한 자기계발, 동기부여, 자서전적인 책까지도 함께 기획하여 만들어 드립니다. 함께 길을 만들어 성공적인 삶을 한 걸음 앞당기십시오!

도서출판 모아북스에서는 책 만드는 일에 대한 고민을 해결해 드립니다!

모아북스에서 책을 만들면 아주 좋은 점이란?

1. 전국 서점과 인터넷 서점을 동시에 직거래하기 때문에 책이 출간되자마자 온라인, 오프라인 상에 책이 동시에 배포되며 수십 년 노하우를 지닌 전문적인 영업마케팅 담당자에 의해 판매부수가 늘고 책이 판매되는 만큼의 저자에게 인세를 지급해 드립니다.

2. 책을 만드는 전문 출판사로 한 권의 책을 만들어도 부끄럽지 않게 최선을 다하며 전국 서점에 베스트셀러, 스테디셀러로 꾸준히 자리하는 책이 많은 출판사로 널리 알려져 있으며, 분야별 전문적인 시스템을 갖추고 있기 때문에 원하는 시간에 원하는 책을 한 치의 오차 없이 만들어 드립니다.

기업홍보용 도서, 개인회고록, 자서전, 정치에세이, 경제 · 경영 · 인문 · 건강도서

모아북스 MOABOOKS 문의 0505-627-9784

현해탄을 건너서

초판 1쇄 인쇄	2025년 08월 12일
2쇄 발행	2025년 08월 20일

지은이	김선아
발행인	이용길
발행처	모아북스 MOABOOKS

총괄	정윤상
관리	양성인
디자인	이룸

출판등록번호	제 10-1857호
등록일자	1999. 11. 15
등록된 곳	경기도 고양시 일산동구 호수로(백석동) 358-25 동문타워 2차 519호
대표 전화	0505-627-9784
팩스	031-902-5236
홈페이지	www.moabooks.com
이메일	moabooks@hanmail.net
ISBN	979-11-5849-280-9 03810

· 좋은 책은 좋은 독자가 만듭니다.

· 본 도서의 구성, 표현안을 오디오 및 영상물로 제작, 배포할 수 없습니다.

· 독자 여러분의 의견에 항상 귀를 기울이고 있습니다.

· 저자와의 협의 하에 인지를 붙이지 않습니다.

· 잘못 만들어진 책은 구입하신 서점이나 본사로 연락하시면 교환해 드립니다.

모아북스 는 독자 여러분의 다양한 원고를 기다리고 있습니다.
(보내실 곳 : moabooks@hanmail.net)